学校建築とイス
新しいラーニングスタイルへ

学校建築とイス
新しいラーニングスタイルへ

コトブキシーティング・アーカイブ

This book was published in 2016 by Bookend Publishing Co., Ltd.
in conjunction with the Kotobuki Seating Co., Ltd. 100th Anniversary Project.
Copyrights © 2016 Kotobuki Seating Co., Ltd.
Book design by Shigeru Orihara
All rights Reserved.
Printed and Bound by Nissha Printing Co., Ltd.
ISBN978-4-907083-34-2

建築と人をつなぐ架け橋としてのイス

工藤和美

イスを見れば、人が座っているシーンを思い浮かべるように、家具は人の動きや行為が目に見える形で現れるという意味で、擬人的である。設計では、そこで人がどのような動きをするかによって、スペースのありかたや、どのような家具を置くべきかが決まる。イスや家具は、空間と人のアクティビティとをつなぐインターフェイス（架け橋）であり、人々の空間への接し方や構えに大きな影響を与える。

　イスは座るためのものであるが、固定された頑丈なイスであれば、その空間において座ることがより強い目的となる。本書の巻頭を飾る、東京大学・安田講堂では、座れば背筋がすっと伸びそうなアンティークのイスが、周りの建物以上に、空間の役割を意味づける存在となっている。

　一方、収納や移動が可能なイスや家具であれば、その空間にとって、座ることは自由な選択となる。つまり、可動式家具という技術の進歩で、座るというひとつの目的しかなかったイスに自由度が加わったのである。近年、多くの学校が採り入れている多目的スペースでは、あえてイスを置かないことで、「座る」以外のさまざまな「行い」をそこに引き出している。

　こうしたマルチな空間は、目的を特化しないぶん、空気をつくり出すという意味では希薄になる。例えば、礼拝堂には、そこに座っているだけで心が静まる濃密な空気が存在する。また、学校生活には、式典や学芸会、発表会など、さまざまな「ハレ」の機会があり、子どもたちの気持ちは、体育館にパイプイスを並べてつくる集会所よりも、小さくても固定イスの並ぶ講堂のほうが、はるかに昂揚するだろう。特定あるいは多目的のどちらにも長所があり、どちらを選択するかは、まずそこで何をするかが重要になる。

　最近、大学の研究室に、宮崎産の木材を使った大きなテーブルを置いたところ、多くの学生がその周りに集まるようになった。あちらこちら傷ついているが、それも愛着につながっている。こうした天然素材については、屋外で使うイスや家具にも採り入れたい。屋外家具であれば耐久性が重要になるが、丈夫で維持の容易な化学素材よりも、朽ちやすくとも廉価な木製ベンチのほうが、手軽で扱いやすいこともある。傷つくことや朽ちることを自然の理として受け入れ、短期間で取り替えればよいと思う。そうした廉価なベンチを、学校だけでなく、まちのなかに置けば高齢者が散歩や買い物の途中でちょっと腰を下ろすこともできる。従来品に加え、素材の選択肢が増えれば、利用者や用途の多様化につながり、イスや家具は、建築にとどまらず地域社会と人のアクティビティとをつなぐ架け橋になるだろう。

くどう・かずみ　シーラカンスK&H代表取締役、建築家、東洋大学理工学部建築学科教授

凡例

・本書には、コトブキシーティング株式会社の写真アーカイブ
　より、過去10年間に竣工・改修された事例を中心に、66件の
　学校建築を取り上げた。
・学校名の表記では、一部キャンパス名を省略した。施設名で
　は「東京大学 安田講堂」のように通称を採用したものがある。
　複数の施設では、一部の名称を省略した。
・建築データには、所在地（都道府県・市町村）、施主、設計者、
　竣工年月（改修事例では、それぞれ改修設計者、改修年月）
　の順に記し、ホールなどには席数を加えた。
・写真の撮影者、クレジットおよび施設名などの補足情報は、
　巻末に一覧した。

目次

1章	伝統と歴史の継承	8
2章	交流とコミュニケーション	78
3章	新しいラーニングスタイル	150

10 東京大学　安田講堂［改修］

16 千葉大学　ゐのはな記念講堂［改修］

20 成城学園　澤柳記念講堂［改修］

24 清泉女子大学　本館、1号館、2号館

28 武蔵学園　大講堂［改修］

32 東京慈恵会医科大学　中央講堂

36 早稲田大学　大隈記念講堂 大講堂［改修］

40 山脇学園中学校・高等学校　山脇ホール

44 早稲田大学高等学院　73号館 講堂

46 関西学院　中央講堂

50 桐朋中学校・桐朋高等学校　ホール、プラネタリウム

52 上野学園　石橋メモリアルホール

56 鎌倉女子大学　松本講堂［改修］

58 徳島大学　大塚講堂［改修］

60 昭和学院中学校・高等学校
伊藤記念ホール、メインアリーナ、プラネタリウム

64 東京経済大学　大倉喜八郎 進一層館 Forward Hall［改修］

66 広島大学　サタケメモリアルホール

70 東北大学　百周年記念会館 川内萩ホール［改修］

72 九州大学　椎木講堂 コンサートホール

1

伝統と歴史の継承

東京大学
安田講堂 ［改修］

所在地	東京都文京区
施主	国立大学法人東京大学
設計	東京大学キャンパス計画室（千葉学）・同施設部
	香山壽夫建築研究所
竣工	2014年12月
席数	1,136

安田講堂は、建築学科教授でのちに総長となる内田祥三（1885〜1972）の基本設計をもとに、岸田日出刀（1899〜1966）が実施設計を行い1925年に竣工した。以来、東京大学の象徴としての役割を担ってきた。しかし、1968年の大学紛争後、荒廃状態のまま閉鎖され、講堂も20年にわたり封印された。80年代に復活を願う気運が高まり、講堂の意匠を尊重しつつ保存再生する改築案が1986年に発表され、1990年の改修で安田講堂は再生する。さらに、東日本大震災後の改修によって、耐震工事と内外装の改修が行われた。これは、大学のシンボルである安田講堂の歴史を継承するため、可能な限り創建当時の姿にもどす、復元的改修であった。

第1次大改修における保存再生と座席の改良

1989年、大改修に着手することになりました。これが、いわば「第1次平成大改修」です。過激派に破壊され、そのまま20年放置されていた講堂内部、そして警官隊の正面からの攻撃を受けたロビーや便殿（天皇の休憩室）は惨憺たるものでした。椅子は壊され、バリケードとなり、床のフローリングは剥がされて燃やされ、ロビーの大理石は割られ投石となって消えていた。［中略］保存再生を正面に据え、その上で、必要にして可能な改良を行うという基本方針を確立し、承認されて、ようやくスムーズに運ぶことになりました。［中略］このとき、保存再生が基本といっても講堂内部で大きく変更したことが2点あります。座席数と、講壇の形です。講壇は昔の式典の形式にもとづいて作られていたので、今日の式典やシンポジウム等の様々な使い方に対応することが難しく、全く新しく作り直しました。しかし座席は講壇の内装にも調和した美しいものでしたから、なんとしても、大切に保ちたいと思いました。それで壊れていた座席を最初の形を尊重しつつ、背の伸びた学生の体形に合わせて大きくし、メカニズムも改良してくれたのは、内田（祥三）先生の親友で、日本最初の講義室家具を開発した「コトブキ社」の意地と技術でした。その結果、座席の寸法が大きくなって、数が当初の1,738から3分の2に減って1,144になったことで、講堂の規模として適正になったと考えています。

香山壽夫

出典：建築論壇「歴史を紐解き、未来へ繋ぐ：東京大学安田講堂改修で引き継がれた大学の記憶『新建築』2015年6号所収より、一部加筆して抜粋

こうやま・ひさお　東京大学工学部建築学科名誉教授、香山壽夫建築研究所所長

安田講堂の改築案 東側から見る　ドローイング：河合俊和
図版提供：香山壽夫建築研究所

千葉大学
ゐのはな記念講堂 [改修]

1963年に医学部創立85周年を記念して建てられた、銅板屋根にコンクリート打放しの斬新な建物は、建築家の槇文彦（1928〜）が「鎮守の森にたつ社」をイメージして設計。半世紀を経ての改修で、耐震補強などのメンテナンスに加え、遮音・吸音性能の向上、舞台・音響設備の拡充、内装と舞台改修などが行われた。ホールは720席の1階席を576席に減らしてゆとりを生み出し、車椅子スペースも設置されている。

「鎮守の森の社」に込められた共有意識の伝承

本施設は、1963年に千葉大学医学部85周年を記念し創設され、名古屋大学豊田講堂（1960年）に続く槇文彦の国内2作目の作品である。同医学部は1874年の地域住民有志の拠金による「共立病院」創設に源を発し、1890年に移転の現敷地「亥鼻台」は、平安末期以降に千葉氏の「猪鼻城」が有った地であり、縁の「七天王塚」が点在する。記念性の象徴と土地の伝承への敬意を込め、梯形架構の開放的な断面が広場と向き合う「鎮守の森の社」のイメージが構想された。斜屋根銅板葺きと本実型枠コンクリート打放しを外装とし、内部は梯形架構が広々とした心地よい空間の骨格となっている。

2014年に、老朽化と、3.11以降の重要建築物への耐震補強の必要性に伴い改修が行われた。改修内容は躯体耐震補強、外装とコンクリート打放しの再生、防水改修、内部アスベスト除去、各設備改修に加え、ホール機能と性能を高める遮音・吸音性能の向上、舞台音響設備の拡充、内装・舞台改修、ルーバー天井への更新である。客席は1階客席を720席から576席に変更し、現代の体格に合わせたゆとりある座席とし、メモ台を装備した。

建築と芸術の統合として、流政之氏作のコンクリート・鋼製の彫刻が効果的に配置され（P.19上）、今なお存在感を示している。半世紀経つ建物の本質を失うことなく、ホール機能と性能を高める改修をすべく努力し、第25回BELCA賞表彰建築として評価された。

株式会社槇総合計画事務所 鹿島大睦

所在地　千葉県千葉市
施主　　国立大学法人千葉大学
設計　　株式会社槇総合計画事務所
竣工　　2014年4月
席数　　784

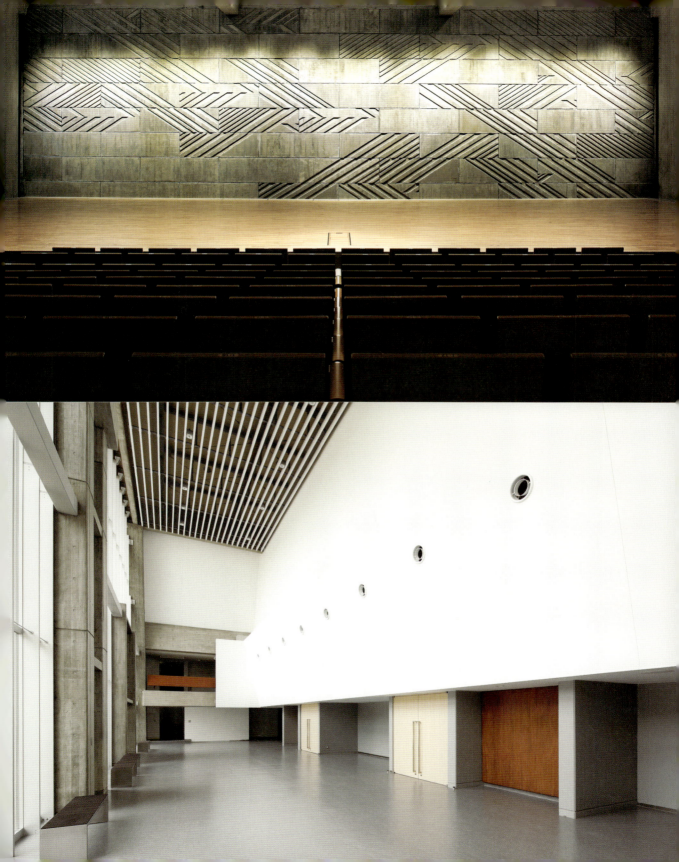

成城学園
澤柳記念講堂 ［改修］

所在地　東京都世田谷区
施主　　学校法人成城学園
設計　　日建設計
竣工　　2015年2月
席数　　1,570

1928年落成の「母の館」、1967年落成の「五十周年記念講堂」の流れを汲む成城学園の大講堂は、創立者・澤柳政太郎の生誕150年にあたる2015年に、創立100周年事業の一環として大幅改修し、「澤柳記念講堂」として生まれ変わった。建物は内装に長野県産のカラマツ材をふんだんに使い、芸術にふれる機会の多い講堂内は座席を一新し、約1,500人収容の本格的なホールとなった。

清泉女子大学
本館、1号館、2号館

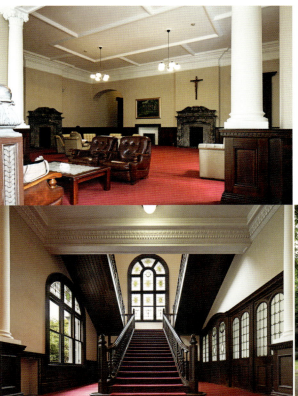

清泉女子大学の象徴である本館（PP.24-25, 27）は、大正時代に島津忠重公爵の邸宅としてイギリス人建築家ジョサイア・コンドル（1852～1920）の設計で1915年に竣工した、ルネサンス様式の洋館。大理石に手彫り装飾を施した暖炉やイオニア式の柱、大階段など歴史的価値を今に伝え、2012年に東京都指定有形文化財に指定された。館内のステンドグラスは1915年の竣工時のもので、全てシンメトリのデザインによるアールヌーボー様式。公爵夫妻の寝室や子ども部屋などがあった2階は現在、教室や会議室として使用されている。

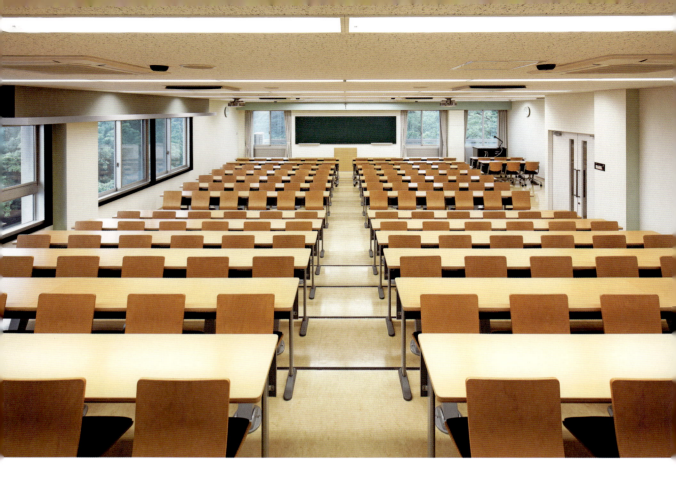

2011〜13年にリニューアルされた1号館、2号館（P.26）は、本館とは対照的にガラス張りを採用した解放的な空間。大教室（上）や多目的スペースのほか、カフェやショップ、学生ホールなども併設し、より学生の活動に特化した施設となっている。

所在地　東京都品川区
施主*　　学校法人清泉女子大学
設計*　　株式会社三菱地所設計
　　　　株式会社竹中工務店
竣工*　　2013年9月

*1・2号館

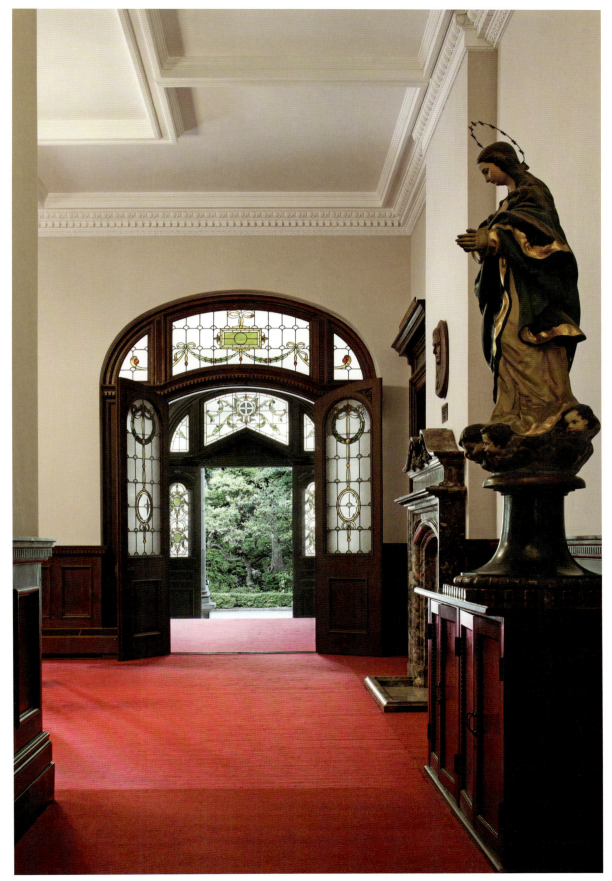

武蔵学園
大講堂 ［改修］

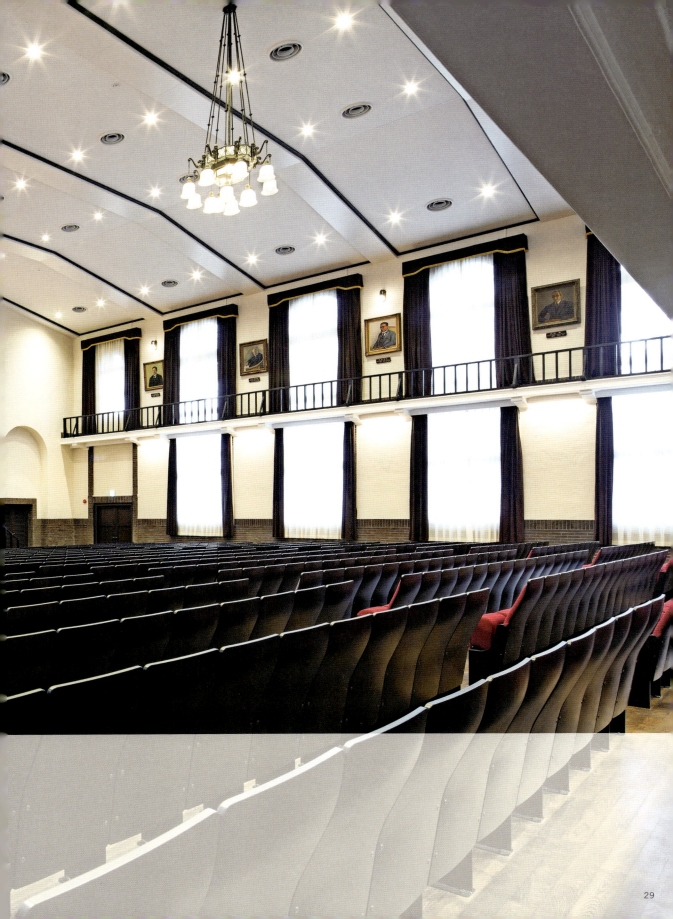

90年以上の歴史をもつ江古田キャンパスには、大きな樹木が多数管理保存され、中央の濯川沿いには豊かな緑地帯が整備されている。中学・高校・大学の施設が約6万平方メートルの敷地に配置され、建設年次も用途も異なる多くの学園施設が自然と調和し、落ち着いた景観を創出している。大講堂は1928年、大隈記念講堂や日比谷公会堂を手がけた建築家、佐藤功一により、旧制武蔵高等学校講堂として設計された。鉄筋コンクリート造、一部鉄骨造の2階建て建物は、ゴシック様式の構造も残しつつ、意匠的にはモダニズムの息吹を感じさせる。外装タイルやサッシュ、屋根や天井など、竣工当初の意匠を活かして改修を行い、90年経った今も時代の風情を残している。こうした長年の維持保全が評価され、2016年に大学3号館、根津化学研究所とともに、第25回BELCA賞（ロングライフ部門）を受賞。現在大講堂は、入学式や卒業式などに用いられ、2階の展示室では学園の史料を公開している。

所在地　東京都練馬区
施主　　学校法人根津育英会武蔵学園
設計　　清水建設株式会社一級建築士事務所
竣工　　2011年10月
席数　　924

東京慈恵会医科大学
中央講堂

所在地	東京都港区
施主	東京慈恵会医科大学
設計	野村茂治、赤石真、奥村精一郎
竣工	1932年12月
席数	566

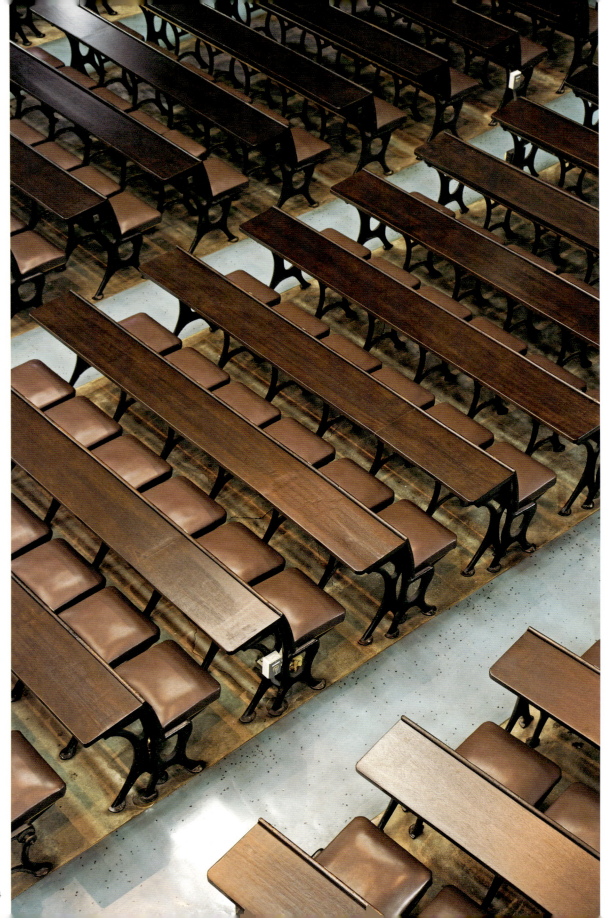

東京慈恵会医科大学は、1881年に創立された日本最古の私立医学校である成医会講習所を源流とし、開学130年以上の歴史を誇る。1923年に関東大震災で大学と病院を焼失し、1945年の東京大空襲で附属病院の一部を消失するも、キャンパスには戦前に建てられたモダンな病院建築が残る。大学本館は野村茂治らの設計で、1932年に竣工。中央講堂の「机イス」は竣工時のもので、80年にわたり学びの場を支えてきた。改修では、校章が刻印された脚部や木製の背板と天板を補修で残し、イスの革製パッドを張り替える方法で工芸技術の粋を活かし、由緒ある建物の重厚感を維持している。

早稲田大学
大隈記念講堂 大講堂 ［改修］

所在地　東京都新宿区
施主　　学校法人早稲田大学
設計　　株式会社佐藤総合計画
竣工　　2007年10月
席数　　1,121

　早稲田大学のシンボルともいえるこの建物は、1927年に佐藤功一（1878〜1941）、佐藤武夫（1899〜1972）の設計で竣工。2007年、創立125周年記念事業の一環で、先進教育と歴史や伝統の両立をめざし、多機能型文化ホールへの保存・再生が行われた。ゴシック様式を採り入れた建物はスクラッチタイルによる外壁の劣化が激しく、ほとんどが撤去、復元された。講堂内部は、美しい天井などの伝統的な内装を保存・復元しつつ、耐震化、空調、IT対応、音声・映像の最新器機の導入が行われ、車椅子席の設置などバリアフリー対応も実現した。

山脇学園中学校・高等学校
山脇ホール

所在地　東京都港区
施主　　学校法人山脇学園
設計　　戸田建設株式会社一級建築士事務所
竣工　　2013年10月
席数　　909

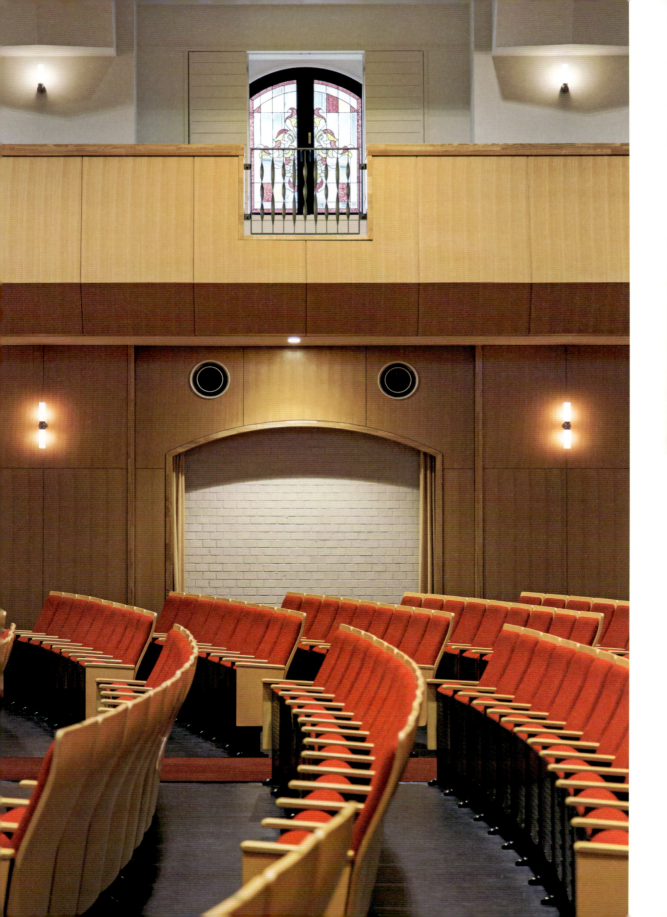

山脇学園は1903年創立の女子實修学校が源流。2003年に創立100周年を迎えた。旧短大の施設を中学・高校に統合し、新しい教育をめざす「山脇ルネサンス」が2009年に始動。校舎の建て替えやリニューアル、語学や自然科学などのユニークな学習施設やプログラムの新設によって教育環境を刷新してきた。2013年に新1号館が竣工。講堂である山脇ホールは、明るい木材を基調とした内装に、豪華な緞帳、窓のステンドグラス、赤を基調にした客席などが特徴。約900人収容で、式典や発表会、音楽鑑賞など多目的に利用されている。

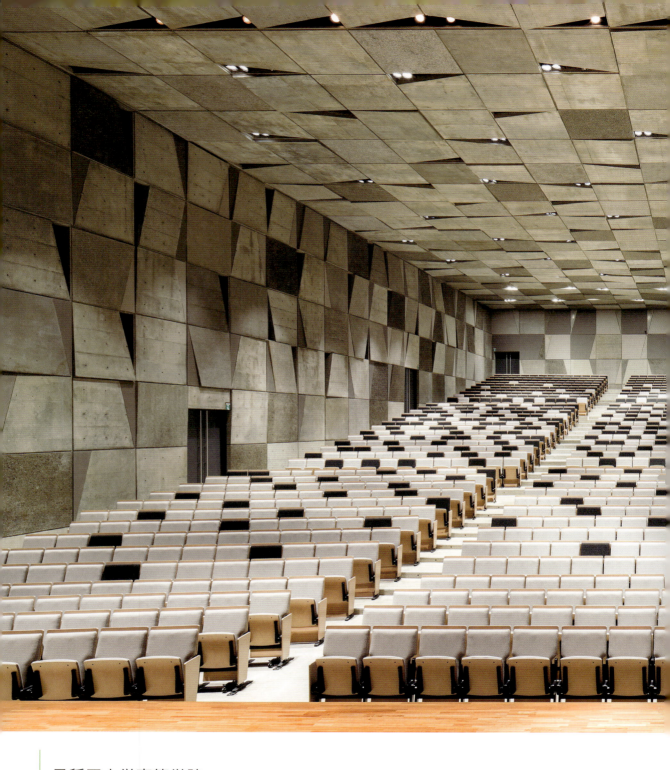

早稲田大学高等学院
73号館 講堂

所在地 東京都練馬区
施主 学校法人早稲田大学
設計 日建設計
竣工 2014年3月
席数 1,508

中高一貫教育を実施する早稲田大学の附属校。2014年竣工の講堂棟は、1,508席の講堂と音楽室、音楽系諸室を併設する。全面コンクリート仕上げの内壁は、音響効果を考慮し、異なる傾斜をもつ面で構成。イスの張地は壁と天井のデザインに呼応したもの。

関西学院
中央講堂

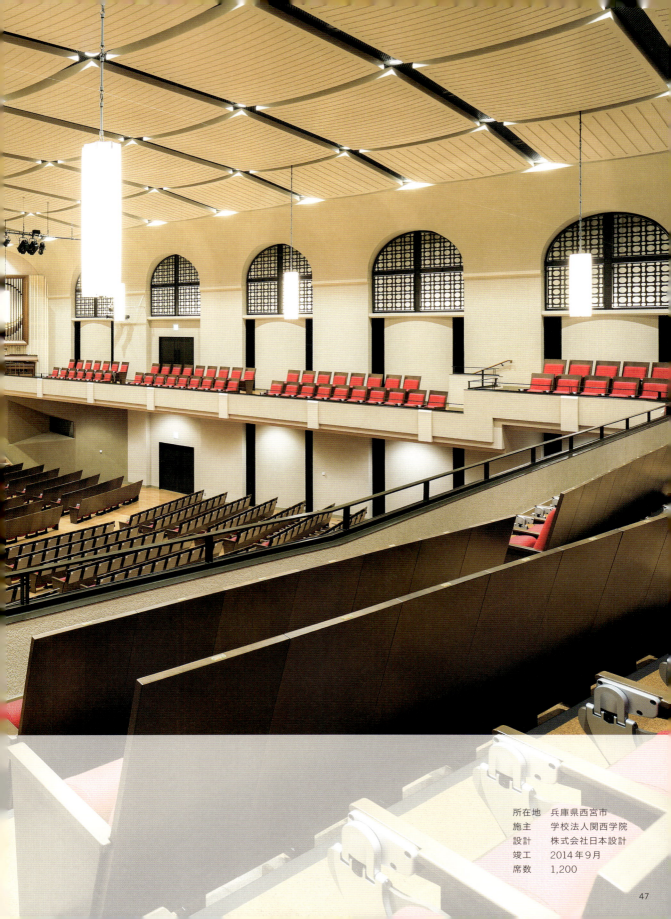

所在地	兵庫県西宮市
施主	学校法人関西学院
設計	株式会社日本設計
竣工	2014年9月
席数	1,200

中央芝生に面した赤い瓦屋根の建物は、W・M・ヴォーリズが設計した旧中央講堂の外観を継承している。ホールの収容人数は1階、2階合わせて1,200人。客席の前4列の床が上下に可動する構造で、広さが変えられるステージは、最大で三管編成の演奏が可能となる。オーストリア・リーガ社製のパイプオルガンや同時通訳ブースを設置し、国際シンポジウムから礼拝まで多目的に活用されている。創立125周年記念事業として寄付を募り、座席に協力者への謝辞と名前が刻まれた。

桐朋中学校・桐朋高等学校
ホール、プラネタリウム

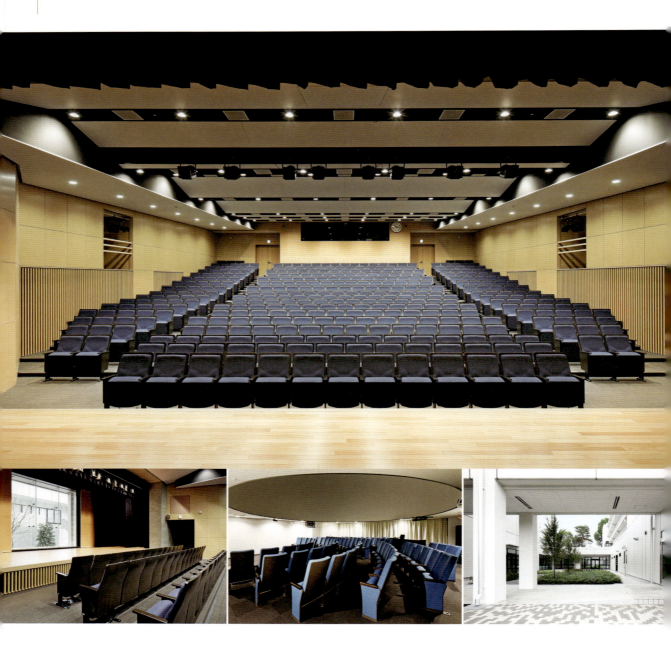

所在地　東京都国立市
施主　　学校法人桐朋学園
設計　　株式会社山下設計
竣工　　2014年6月
席数　　ホール 389

2016年に創立75周年を迎え、2012年に着工した新校舎が完成。2013年、プラネタリウムのある教科教室棟が加わる。2014年竣工のホールは前部にガラスエリアを設け、扉を開くと外光が差し込むユニークな構造。

上野学園
石橋メモリアルホール

上野学園の講堂として創立70周年の1974年に建立された旧石橋メモリアルホールを改築。バルコニー席を含め、座席数は508席。旧ホールのクライス社製パイプオルガンが再設置され、舞台周りの天井・壁の形状（シューボックスを基調とした室形）を踏襲し、定評のあった旧ホールの響きを改良。防振のためホール全体を浮床構造とし、録音にも対応できる音楽空間を実現。オーケストラ演奏への対応として、舞台の奥行・幅を拡張している。客席の後部には親子席を設けた（下左）。

所在地　東京都台東区
施主　　学校法人上野学園
設計　　監修 株式会社プラットフォーム
　　　　ホール設計監理 株式会社現代建築研究所
　　　　音響設計 株式会社永田音響設計
竣工　　2009年2月
席数　　508

鎌倉女子大学
松本講堂［改修］

所在地　神奈川県鎌倉市
施主　　学校法人鎌倉女子大学
設計　　清水建設株式会社一級建築士事務所
竣工　　2014年3月
席数　　1,306

岩瀬キャンパスは、2003年に幼稚部から高等部の各校舎がリニューアルされた。2004年には、弓道場や第51回神奈川県建築コンクールで優秀賞・アピール賞を受賞したプール棟を新設。約1,300人収容の松本講堂は、式典をはじめ講演会や合唱コンクールなどに活用される、学園のシンボル的存在。2013年度実施の天井耐震補強に伴う改修では、客席の特徴である基調色の赤と背面に備えられたテーブルを受け継いだ。

徳島大学
大塚講堂 ［改修］

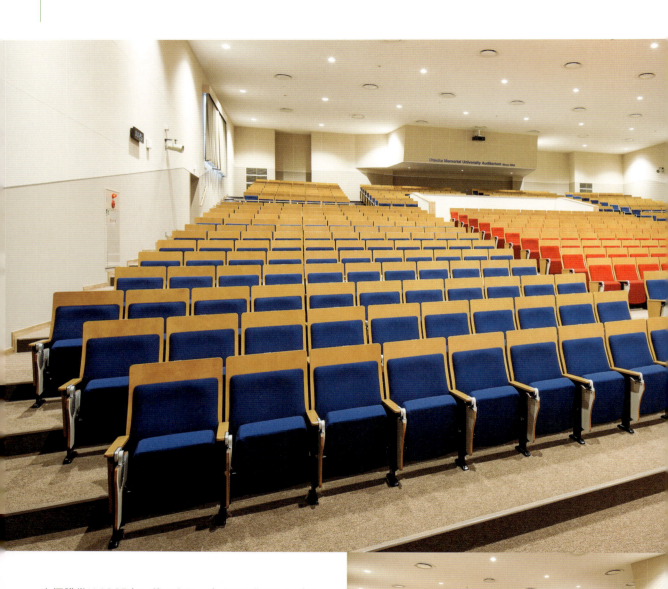

大塚講堂は1965年に竣工され、多くの式典やシンポジウムの会場に利用されてきた。2013年に改修によって生まれ変わった大塚講堂は、窓が大きく取られ、建物内に自然光が差し込む明るい造り。655席に車椅子スペース18席を設けた大ホールと、小ホール2室を併設し、講義や実習などが行われている。また、大ホールで行われる講演会などを小ホールのスクリーンで観覧できるため、学会など学外行事にも活用されている。

所在地　徳島県徳島市
施主　　国立大学法人徳島大学
設計　　滝本・亀井設計監理共同企業体
竣工　　2013年4月
席数　　655

昭和学院中学校・高等学校
伊藤記念ホール、メインアリーナ、プラネタリウム

所在地　千葉県市川市
施主　　学校法人昭和学院
設計　　日建設計
竣工　　2010年5月
席数　　ホール 560

創立70周年を機に、校舎の全面的なリニューアルを実施。新しいキャンパスのシンボルとなったのが2009年完成の伊藤記念ホール。560人を収容するホールに学院の歴史を展示する創立記念館を併設。プレキャスト折板構造の梁で構成された大空間は、意匠効果とともに設備や音響面でも高い機能を果たしている。2010年にはアリーナ・室内プールが完成。メインアリーナには電動式移動観覧席を設置し、スポーツや式典など目的ごとに空間がデザインできる。校舎4階にはプラネタリウムも設置された。

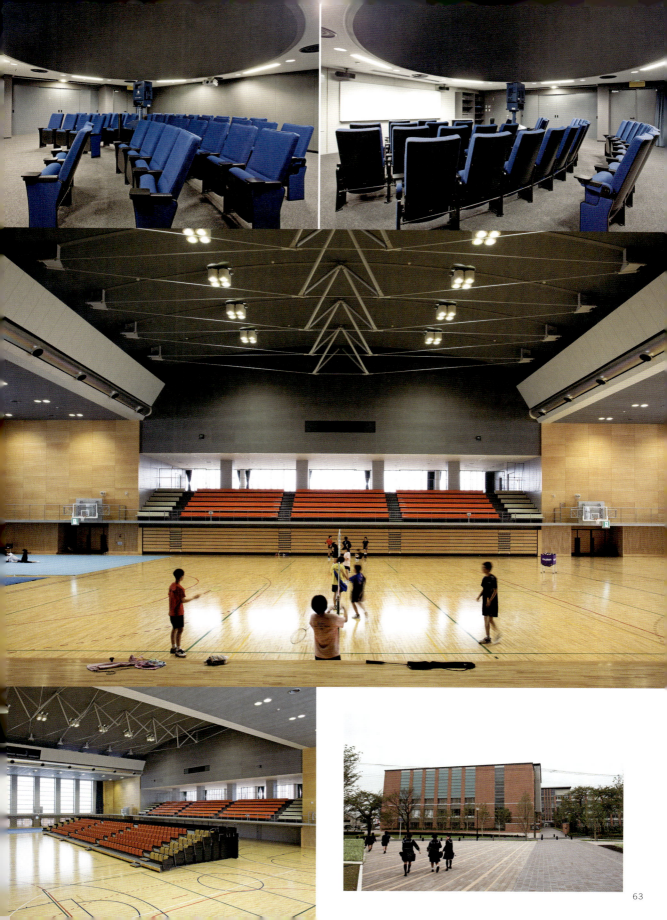

東京経済大学
大倉喜八郎 進一層館 Forward Hall ［改修］

所在地　東京都国分寺市
施主　　学校法人東京経済大学
設計　　株式会社佐藤総合計画
竣工　　2014年10月
席数　　323

1968年に竣工した鬼頭梓の設計による図書館を2014年に改修。四辺がガラス張りで周囲の森に溶け込むような1階の開放的な大空間を活かし、約320人を収容できる多目的ホールと史料展示コーナーを新設した。ホールはガラス越しにホワイエやギャラリーと連続し、一体的な利用ができるだけでなく、ステージ越しに森が望めるため、森を背景とした演奏会や講演も可能。地階には、校友センターの事務室や卒業生らの懇談スペース、会議室などがある。

広島大学
サタケメモリアルホール

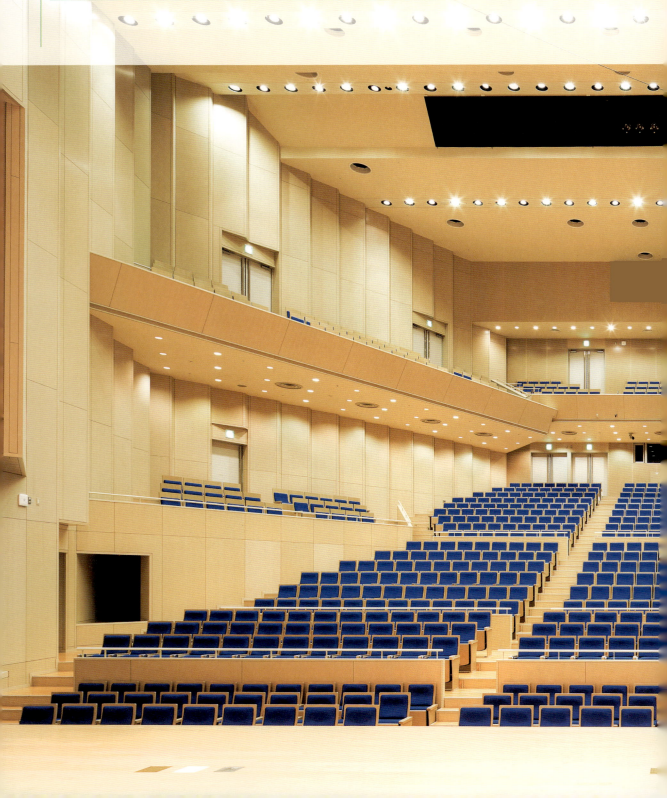

所在地	広島県東広島市
施主	国立大学法人広島大学
設計	大成建設株式会社一級建築士事務所
竣工	2003年2月
席数	1,000

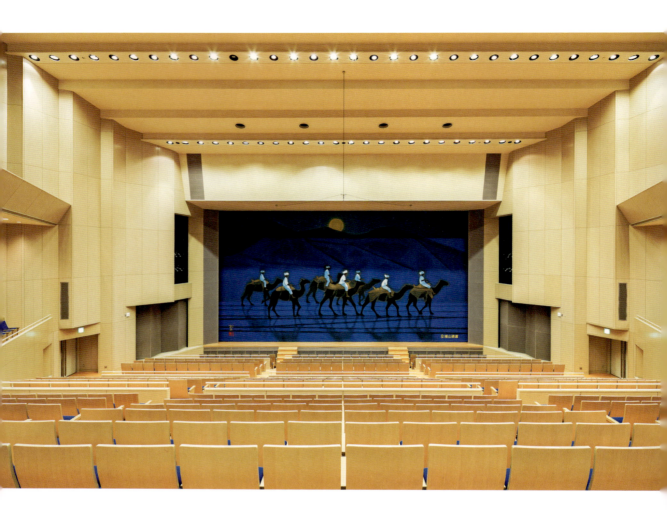

1999年の創立50周年記念行事の一環として着工し、2003年に竣工。外観はグランドピアノの鍵盤をイメージした。六角形のユニークなホールは、舞台床に桜の無垢材、客席壁面にナラ、床にブナなど、木材をふんだんに使い、独自の音響効果を生み出している。1,000人収容の施設として、芸術公演や地域医療フォーラムなど、市民に開かれた施設となっている。

東北大学
百周年記念会館 川内萩ホール ［改修］

1960年竣工の「東北大学記念講堂・松下会館」を、創立100周年を機に改修。外部は50年前のデザインをできる限り保存修復し、対照的に内部は新しい機能を備えた個性的デザインを採用。基本構想・設計監修を同大OBでUCLA建築都市デザイン学科長の阿部仁史に委託。ホール音響は同大電気通信研究所の鈴木陽一研究室によりコンサートホールと国際会議場を兼ねた音空間環境を実現した。

所在地　宮城県仙台市
施主　　国立大学法人東北大学
設計　　株式会社三菱地所設計東北支店
竣工　　2008年8月
席数　　1,235

九州大学
椎木講堂 コンサートホール

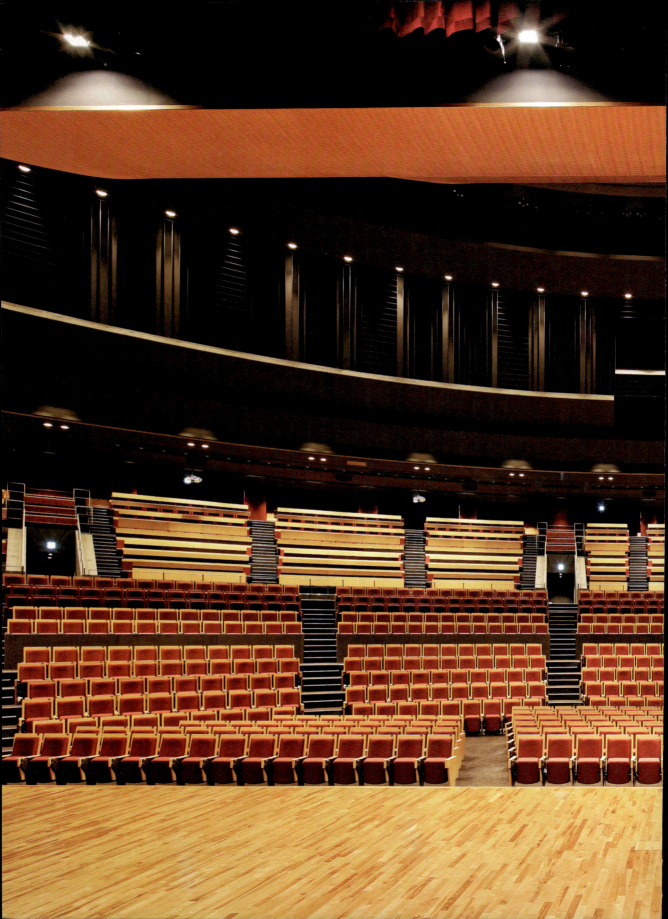

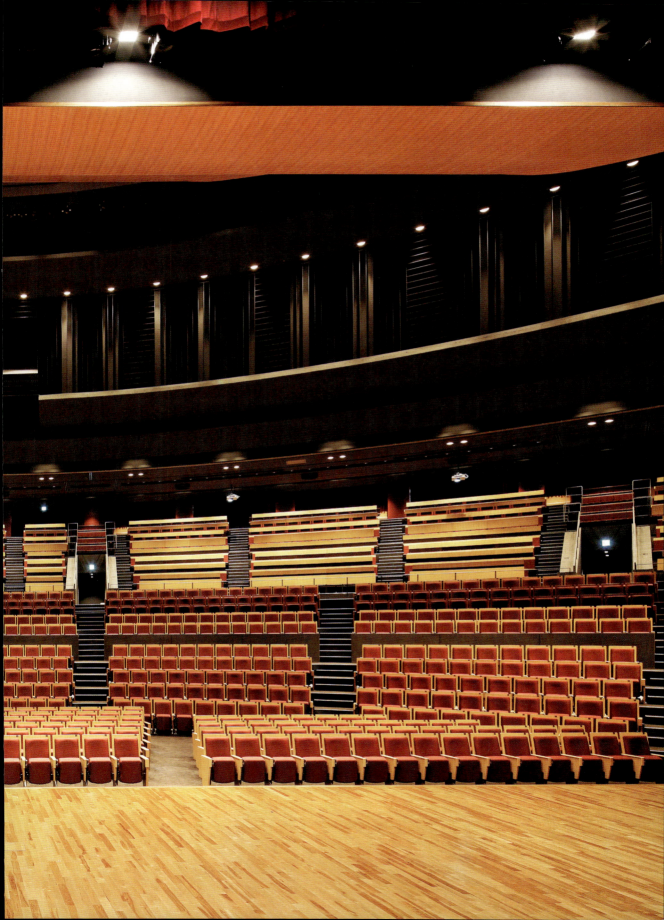

スクールカラーのエンジを基調とした客席の張地は、ボルドーに染めた経糸と、クロの緯糸を合わせたワッフル織り。表面にテクスチュアと光沢が生まれ、空間全体に遠近感をもたらす。ホールの後方部分は、可動式の防音壁で分断することができ、講義室や講演会場として利用できる（上右）。

椎木講堂は、創立100周年を記念して完成。本講堂は、全体が直径100ｍの円形でメインのコンサートホールと管理棟からなる。最大で3,000人収容のコンサートホールは、学内の式典をはじめ、学会や大規模イベントなどに活用されている。そのほか、講堂内には、半円状の巨大なオープンスペースのガレリア（上）、大会議室のほか、常設のギャラリーと展示コーナー、レストランを備え、各施設は会議、講演会、演奏会、展示会など、学外にも利用の門戸が開かれている。

所在地　福岡県福岡市
施主　　国立大学法人九州大学
設計　　株式会社内藤廣建築設計事務所
竣工　　2014年3月
席数　　3,000

80	四国学院大学　ノトススタジオ
86	文教大学付属中学校・高等学校　LOTUS HALL
90	桐蔭横浜大学　大学中央棟 クリエイティブスタジオ、講義室
94	目黒星美学園中学校高等学校
98	立正大学　品川キャンパス 第二食堂［改修］
102	水城高等学校　山野内記念講堂
106	関西大学北陽高等学校・中学校　総合体育館
110	開智日本橋学園中学校・日本橋女学館高等学校　多目的ホール
112	本郷中学校・高等学校　2号館 講堂
114	安田学園中学校高等学校　新中学棟 コミュニケーションスペース
118	アメリカン・スクール・イン・ジャパン クリエイティブアーツデザインセンター マルチパーパスルーム
120	ポラリス保健看護学院　講堂メグレズホール
124	京都産業大学　むすびわざ館 ホール
128	川崎市立川崎高等学校・附属中学校　講堂
132	富山県立富山中部高等学校　至誠ホール
134	九州産業大学付属九州高等学校　KYUSHU コミュニティホール
136	尚志館高等学校　視聴覚ホール
138	明治大学付属中野中学・高等学校　櫻山ホール
140	北海道大谷室蘭高等学校　講堂
142	日南学園中学校・高等学校　ポーツマス・ホール 音楽室
144	玉川大学　3号館 演劇スタジオ
146	青山学院初等部　米山記念礼拝堂

2

交流とコミュニケーション

四国学院大学

ノトススタジオ

2006年、四国学院大学のキャンパス南側に新校舎ノトス館が竣工。その1階にオープンしたノトススタジオでは、プロや学生たちによる演劇・ダンスの公演を定期的に開催。基礎練習のためオープンフロアとしても利用でき、目的に応じて学生自らが移動観覧席の展開収納操作を行う。四国の高校演劇サミットの会場をはじめとして、地域に開かれたコミュニケーションスペースの役割を果たしている。

地域文化の交流拠点として

　四国学院大学の身体表現と舞台芸術マネージメントメジャーは、2011年に中四国初の本格的演劇コースとしてスタートした。学長特別補佐として劇作家・演出家の平田オリザ氏を迎え、講師陣には演劇界の第一線で活躍する演出家・振付家を招いた画期的なプログラムは、スタート当初から大きな反響を呼び、2013年には、瀬戸内国際芸術祭の正式プログラムとして招致されるなど数多くの実績を残している。

　その活動の中心となっているのが80席あまりの小劇場、ノトススタジオ。ノトススタジオでは、学生がスタッフ・キャストを務める公演のほか、近隣の高校生や子供を対象とした演劇とダンスのワークショップ、東京からプロの劇団を招致する公演など、さまざまな規模の舞台作品の上演やワークショップを実施している。これらの公演やワークショップは好評を博し、回を重ねるごとに動員数や参加人数を伸ばしてきた。「地域の劇場」として、ノトススタジオが機能しはじめた結果だといえる。

　今後はさらに上演作品の充実や市民参加の創作劇、ワークショップといった地域住民の参加機会を設けるなど、より身近で、地域の交流の起点となるような劇場をめざすとともに、地域の文化・芸術活動を担える人材を育成していきたい。また、サンポートホール高松や、高知県立美術館など近隣の公共ホールや美術館とも連携し、四国の文化・芸術を盛り上げ、若者がこの地域に住みたいと思える魅力的で多様性と安らぎのある社会を築きたいと考えている。

ノトススタジオ芸術監督　西村和宏

所在地　香川県善通寺市
施主　　学校法人四国学院
設計　　株式会社昭和設計
竣工　　2006年5月
席数　　80

文教大学付属中学校・高等学校
LOTUS HALL

新校舎のコンセプトは「PORT（港）」。学校の中心機能「Mother Port」のほか、東西南北の名を冠した4つの「港」で構成される。船首のような外観の「West Port」は2014年に竣工した中学棟。地下の講堂は、校章の蓮よりこの名がついた。特徴的なアーチ状の梁は、船底をイメージしたもので、工夫された照明で明るく弧を描く。移動観覧席とスタッキングチェアを合わせ700席の設営が可能で、全てを収納すればオープンスペースとなる。

所在地	東京都品川区
施主	学校法人文教大学学園
設計	株式会社日本設計
竣工	2014年4月（I期）
席数	700

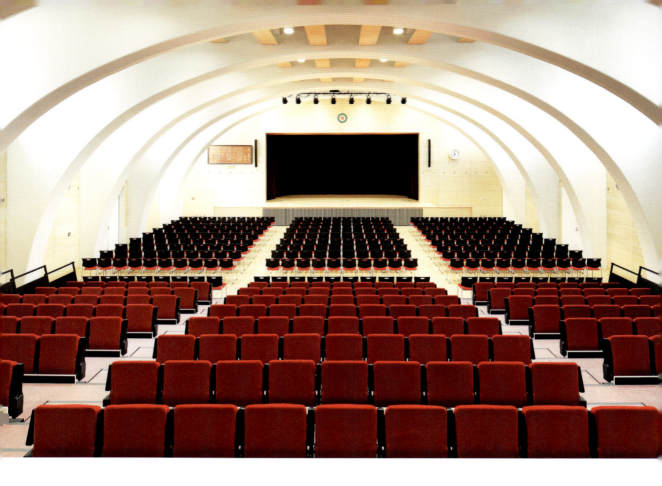

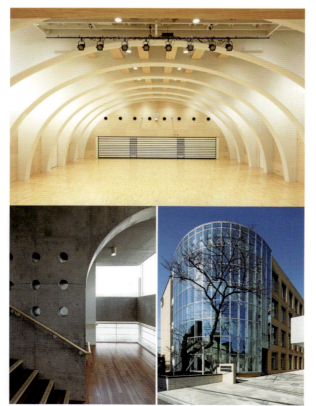

未来へ光を感じる空間に

中学高校という変化の大きい6年間を過ごす校舎に、生徒の多様な交流の場面を用意しようと考えた。西棟に中学校ゾーン、東棟に高校ゾーンを配置し、中央に図書館や特別教室、教員室をもつ「ラーニングセンター」を配置している。各棟の節々にワークスペースを散りばめ、コミュニケーションの場所を用意した。教員室前は先生への質問の場、図書館横の昇降口前は待ち合せの場、サクラが見える階段前の憩いの場といったように、それぞれのワークスペースが生徒の交流の場面を彩ることを期待した。

　2〜4階が中学校ゾーンとなる西棟の地下に、中学高校の講堂「LOTUS HALL」を配置している。2.8m間隔の構造アーチが上部3層の荷重を外側の土中に逃がすことで、地下の大空間を成立させている。白い連続したアーチが構造の力を伝達し、ハイサイドライトからの光を柔らかく内部に導き入れ、優しさと厳かさを併せ持つような空間を創っている。ここでの入学式や卒業式で、生徒たちに将来への希望の光を感じてもらえたら嬉しく思う。

日本設計　井上信次郎

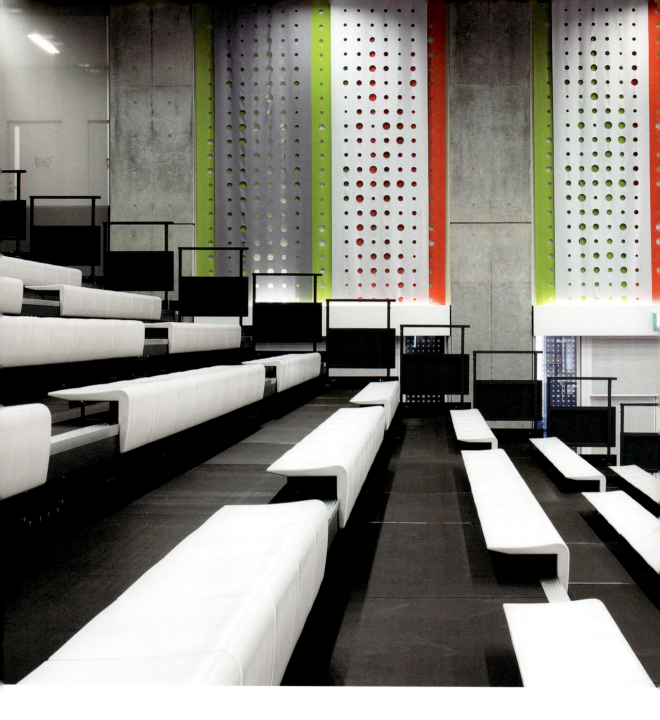

桐蔭横浜大学
大学中央棟 クリエイティブスタジオ、講義室

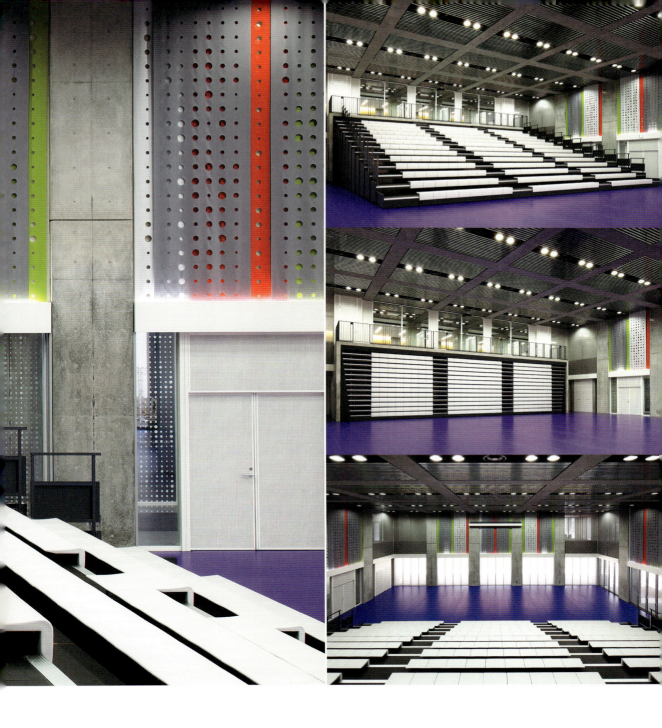

所在地　神奈川県横浜市
施主　　学校法人桐蔭学園
設計　　清水建設株式会社一級建築士事務所
竣工　　2010年3月

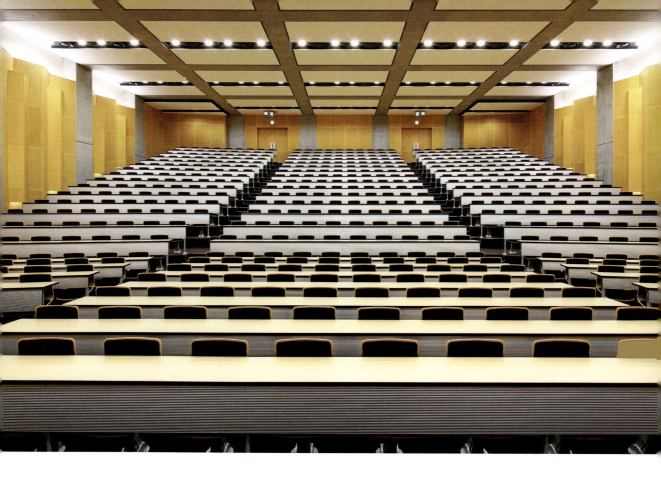

キャンパス内で一際存在感を放つ、全面ガラス張りの大学中央棟。600席の大講義室をはじめ、多彩な学習スペースを有する。なかでもクリエイティブスタジオは、コンクリート打放しの壁面に、ビビットなカラーを配した近代的なデザイン。客席は電動で階段状に展開し、壁面への収納が可能で、創造的な実習や講義の場として機能する。

目黒星美学園中学校高等学校

所在地　東京都世田谷区
施主　　学校法人星美学園
設計　　清水建設株式会社一級建築士事務所
竣工　　2009年6月

6か年一貫教育を実施するミッションスクール。創立50周年記念事業の一環としてリニューアルが行われ、天然芝のグランドに面したL字型の新校舎が完成した。校舎には、普通教室のほか生物室などの特別教室があり、それらをつなぐ各所にイスやテーブルを備えたラウンジが設けられている。同じく交流の場を意識したオープンな図書館（P.94）や、階段教室のマリア・ホール（上右）など、女子校らしい空間デザインとなっている。

立正大学
品川キャンパス 第二食堂［改修］

所在地　東京都品川区
施主　学校法人立正大学学園
設計　前田建設工業株式会社
竣工　2014年6月

立正大学は、1580年に日蓮宗の教育機関として設立された飯高檀林を淵源とし、2012年に開校140周年を迎えた。2013年、大田区西馬込に移転した付属中学校・高等学校の跡地の改修工事を開始。植栽やベンチを設置した「学生広場」に続き、2014年7号館2階に、第二食堂がオープンした。天窓から自然光の差し込む無柱空間に、300以上の座席を配置した広々とした空間で、栄養バランスのとれたメニューや焼きたてパンで学生の食生活をサポートする。コアタイム以外には、飲み物やデザートなどの軽食も提供。テーブルやイスは移動が可能で、レイアウト変更も自由。食堂としてだけでなく、レセプションや打合せなど、学生の交流の場として活用されている。

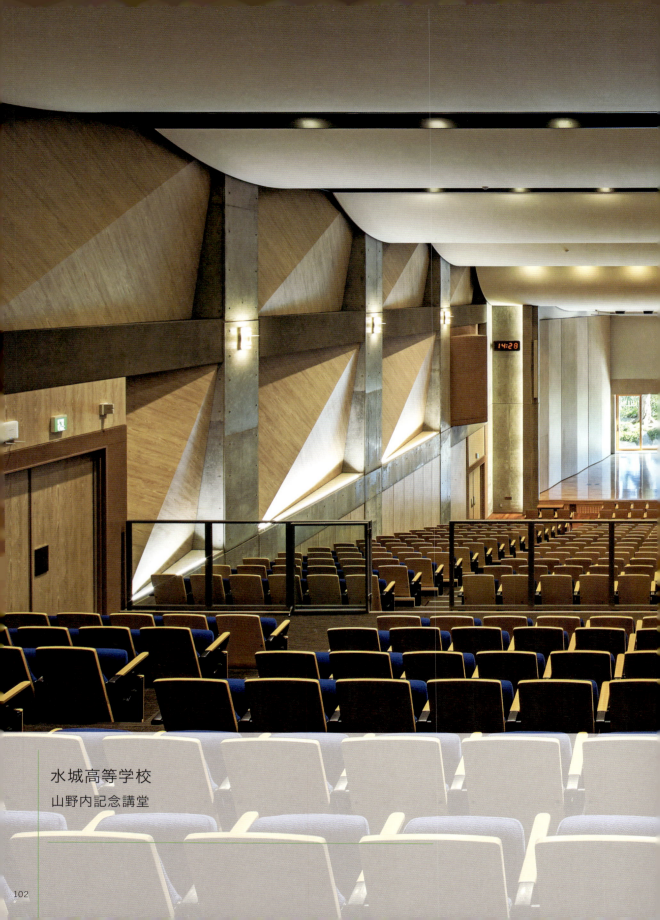

水城高等学校
山野内記念講堂

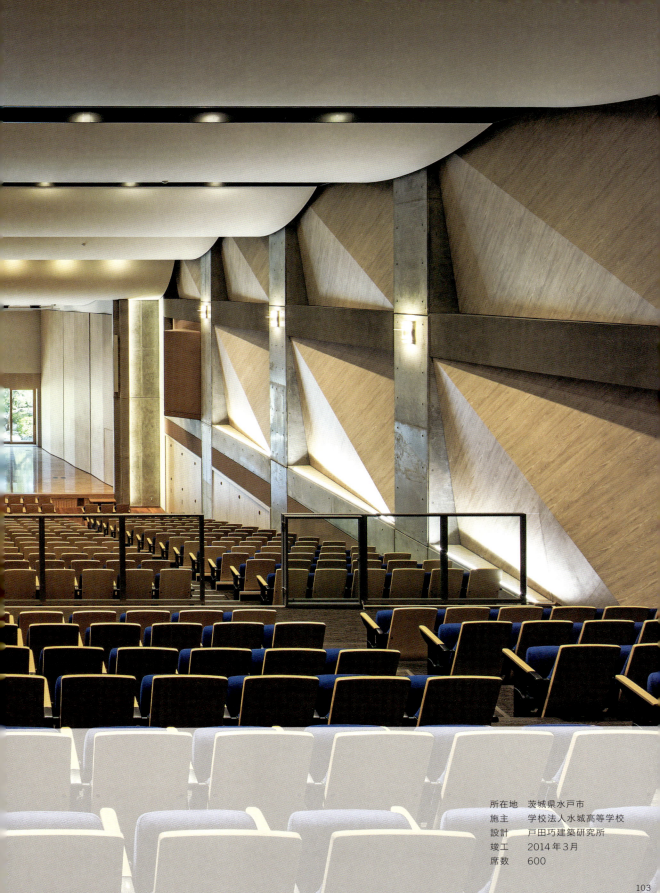

所在地　茨城県水戸市
施主　　学校法人水城高等学校
設計　　戸田巧建築研究所
竣工　　2014年3月
席数　　600

多目的スペースの普及

近年の学校建築の特徴として、多様化するカリキュラムや豊かな学園生活を支援するため、目的に応じた空間や施設の創出に工夫が凝らされている。なかでも、講堂、ホール、アリーナ、スタジアムなど、最新の設備を備えた施設が、創立50年、100年といった節目の年に、記念事業の目玉として竣工されてきた。

一方、既存の施設や、限られたスペースの有効な活用として普及しつつあるのが、移動観覧席や可動席の導入で、レイアウトをさまざまに変更することができる多目的スペースである。水城高等学校の山野内記念講堂は、壁に収納できる移動観覧席とスタッキングチェアの組み合わせで、階段客席のホールが設営でき、電動で座席を収納すれば、数分でアリーナスペースに切り替えられる。各種授業のほか、クラブ活動、発表会、芸術鑑賞まで幅広い活用が可能となり、学年の異なる生徒どうしの交流だけでなく、地域社会の文化的拠点となっている事例も少なくない。

2014年、創立50年を記念して新校舎が竣工。キャンパスには校舎のほか、図書館や体育館、グラウンドなどが有機的に配置され、屋上庭園や屋外ステージなど変化に富んだデザイン。 なかでも日本庭園と茶室を併設する山野内記念講堂は、モダンな図書館とならびシンボル的な施設。600人収容のホールは本格的な音響・照明施設を完備しており、ステージ奥の幕を解放すると日本庭園が借景となるデザイン。また、電動で座席を収納すれば、アリーナスペースに変容する。

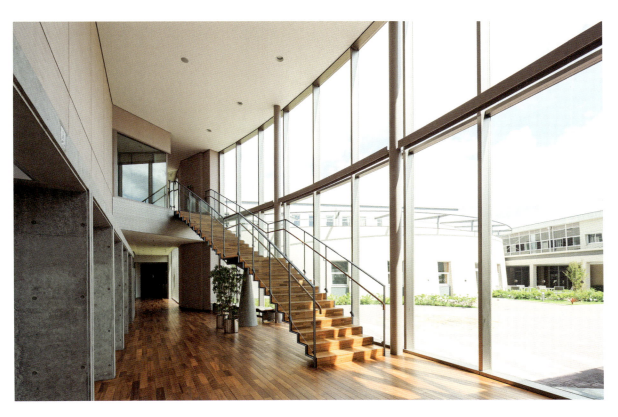

関西大学北陽高等学校・中学校
総合体育館

所在地　大阪府大阪市
施主　　学校法人関西大学
設計　　株式会社東畑建築事務所
竣工　　2013年9月
席数　　1,301

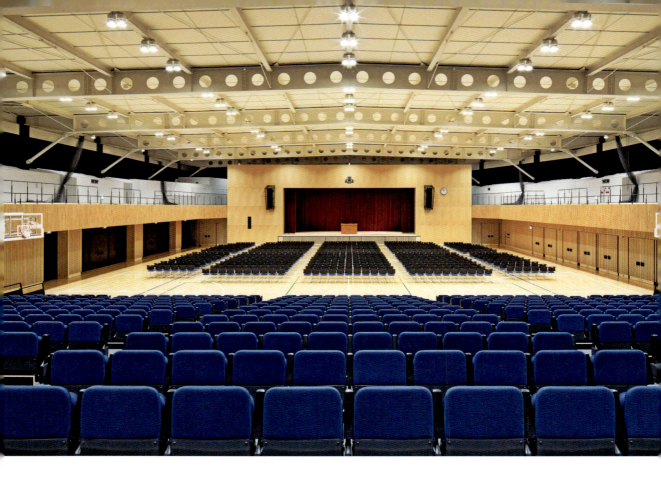

2010年に男女共学の中高一貫校として新たにスタート。体育館が新設され、全面芝生化されたグラウンドとの一体化・融合化で、異学年の新たな関係性や交流の創出をはかった。体育館の3階は、移動観覧席を備えた約1,300人収容の大ホール。イスを収納すればバスケットコート3面の広々としたアリーナとなる。そのほか、室内温水プール、柔道場、武道場、トレーニングルーム、部室、室内ランニング走路など、さまざまな機能を完備。大平面のアリーナを上層に、他を1、2階に集約したことにより、隣接するグラウンドの面積を最大化し、サッカー兼ラグビーコートの確保が可能となった。

開智日本橋学園中学校・日本橋女学館高等学校
多目的ホール

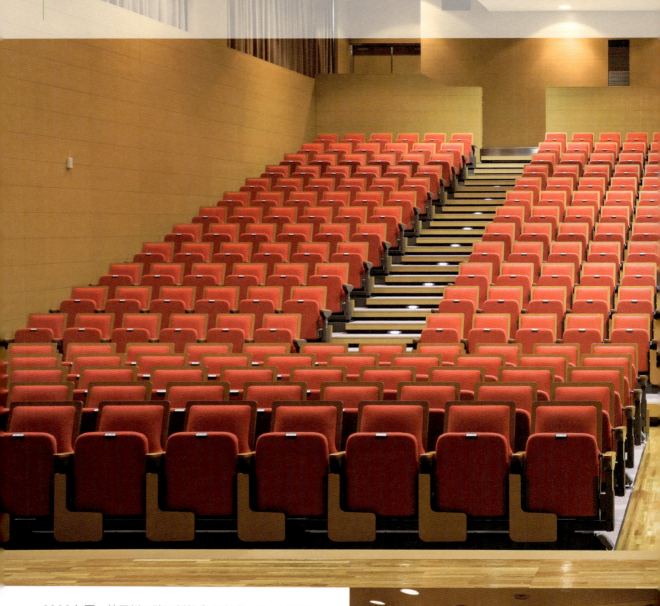

2009年夏、神田川の畔に新校舎が完成。フットサルとテニスのできる屋上運動場をはじめ、体育館や調理室、茶室のある作法室、ITラボなど、さまざまな施設が入る8階建ての建物。5階の多目的ホールは、芸術鑑賞に適した約400人収容の本格的ホール。移動観覧席は電動で壁面およびステージ下に収納でき、席数の増減が可能。全席収納すればアリーナとしてクラブ活動やスポーツ学習の場となる。

所在地　東京都中央区
施主　　学校法人開智学園
設計　　株式会社冨井建築設計研究所
竣工　　2009年3月
席数　　403

本郷中学校・高等学校
2号館 講堂

創立90周年の記念事業の一環で、2014年に最新設備を完備した新校舎2号館が完成。中央部に設けられたアーチが特徴的な建物には、教室をはじめ、ラーニングスペースや図書館、屋上投球練習場などの施設があり、地下に約1,000人を収容できる講堂を併設。本格的なホールとして式典や芸術鑑賞に使われるほか、移動観覧席を壁に収容し電動式防球ネットを張れば、屋内運動施設に生まれ変わる。

所在地	東京都豊島区
施主	学校法人本郷学園
設計	KAJIMA DESIGN
竣工	2014年1月
席数	1,007

安田学園中学校高等学校
新中学棟 コミュニケーションスペース

所在地　東京都墨田区
施主　　学校法人安田学園
設計　　株式会社佐藤総合計画
竣工　　2013年8月

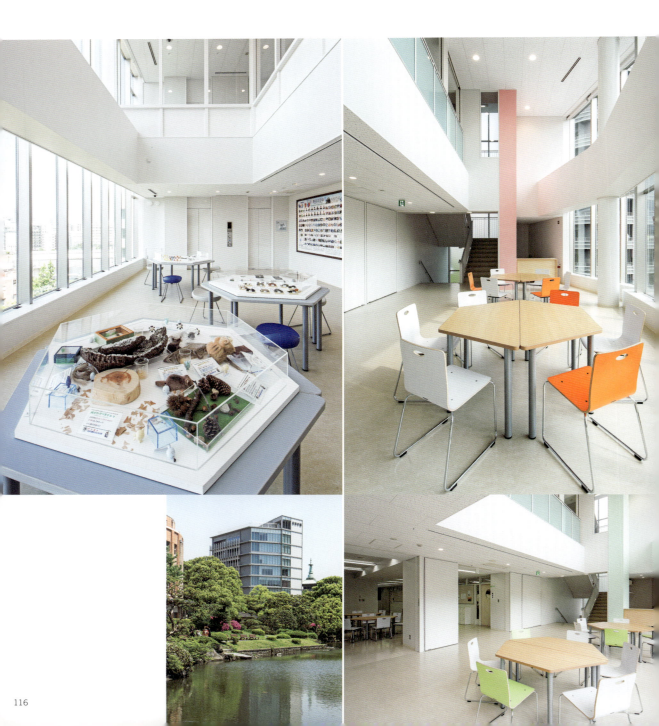

1923年に男子校として創立し、90年以上の歴史をもつ。2005年に6か年一貫教育体制がスタートし、2014年に男女共学となった。新築された南館（新中学棟）は、1階にメディアコーナー、2〜7階に教室、8階に理科室、9階にマルチルームがあり、屋上庭園からは国技館やスカイツリーが見える。2・4・6階には、学年ごとに設けた吹き抜けの空間を、コミュニケーションスペースとして活用。台形テーブルとポップカラーのイスが置かれ、眼下に旧安田庭園のパノラマがひろがる。

アメリカン・スクール・イン・ジャパン
クリエイティブアーツデザインセンター　マルチパーパスルーム

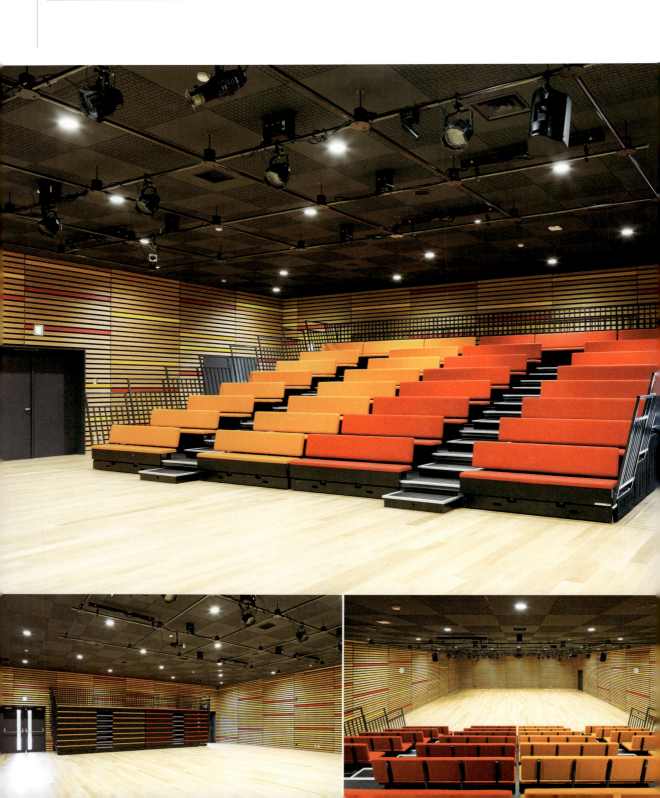

1902年創立。東京のインターナショナルスクールの中では最も歴史が古く、野川公園に隣接する緑豊かな調布キャンパスに、12学年約1,400名が学ぶ。2012年にスタートした増築計画で、体育施設と一体化した印象的なエントランスゲート（左下）が竣工。2015年に完成したクリエイティブアーツデザインセンターの多目的室は、移動観覧席の導入でレイアウトの自由化を図った。鮮やかな赤と橙の2ブロックに彩られた席が、躍動感ある空間を演出。学校行事のほか、プレゼンテーションや演劇公演会場としても利用される。

所在地　東京都調布市
施主　　学校法人アメリカンスクール・イン・ジャパン
設計　　株式会社丹下都市建築設計
竣工　　2015年8月
席数　　132

ポラリス保健看護学院
講堂メグレズホール

2013年、福島県郡山市の星総合病院隣に新校舎が
誕生。実践的な技術トレーニングに基づく医療・介
護のレベルアップや、豊かな感性を磨くための建築
として計画された。新校舎の象徴である「講堂メグ
レズホール」は330席を配置し、教育・医療関連の
講演をはじめ、学院主催の合唱コンサートも行われ
るなど、"楽都"郡山にふさわしい施設となっている。

イスの張地

客席の張地はオリジナルデザイン。平織りのなかでも、畝のある織り方によって凹凸が生まれ、立体感や光沢を出している。ドット部分に絣染めによる4色の緯糸を使って、星をちりばめたように仕上げ、校名の「ポラリス（北極星）」を表現している。当初、ブルーとグリーンの2色の地色で試作品を作り、実際に同じ仕様のイスに張り、デザインを検討した。

所在地　福島県郡山市
施主　　星総合病院
設計　　日建設計
竣工　　2013年7月
席数　　330

京都産業大学
むすびわざ館 ホール

創立50周年記念事業の一環として、上賀茂のキャンパスから離れた市中心部の壬生校地（京都・壬生）に、大学と社会をむすぶ「知」の発信拠点「むすびわざ館」が開館。建物の外壁にグレーの煉瓦を用い、ホールの白木とともに、近代的な建築デザインに京都の和風イメージを取り入れている。客席は418席で、目的に合わせ前2列は可動席を設置。張地の濃淡が織りなすグラデーションは、天井高のやや低い空間に広がりをもたらしている。

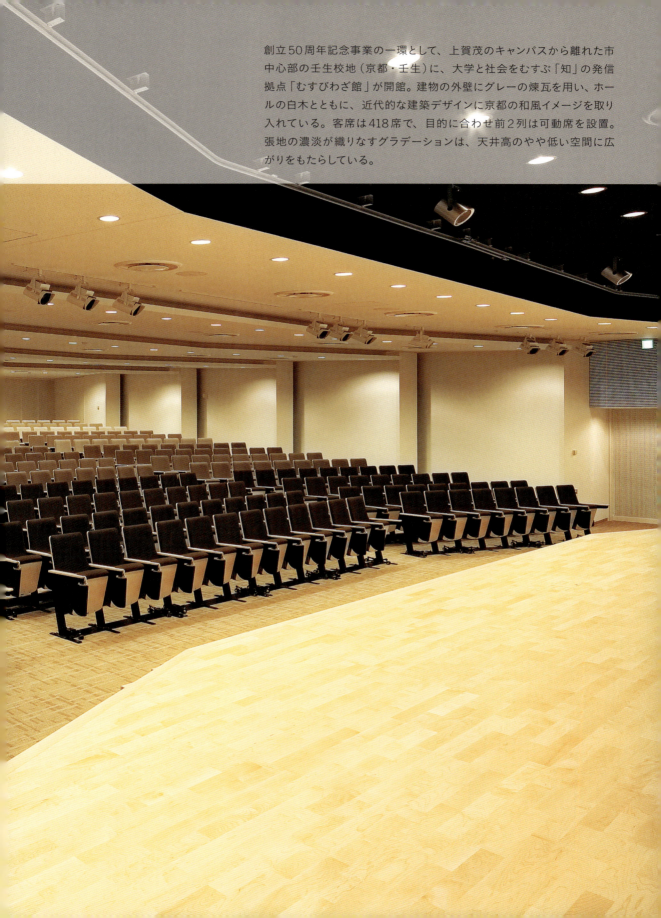

所在地	京都府京都市
施主	学校法人京都産業大学
設計	株式会社竹中工務店
竣工	2012年2月
席数	418

川崎市立川崎高等学校・附属中学校
講堂

所在地　神奈川県川崎市
施主　　川崎市
設計　　株式会社梓設計
竣工　　2014年8月
席数　　502

川崎市初の公立中高一貫教育校として2014年に開校。昼夜の二部制定時制校としても注目を集め、多様な年齢の学生が学ぶ。校舎は、老朽化した市立川崎高等学校を全面改築。屋内プールやテニスコート、アリーナなど、充実したスポーツ施設とともに、文化面では約500人収容の大規模な講堂を併設。全席に背テーブルを備え、学校行事だけでなく授業でも利用されている。

富山県立富山中部高等学校
至誠ホール

1920年富山県立神通中学校として開校し、創立96年目を迎える県内有数の伝統校。2014年竣工の新校舎は、中庭を囲んだ一体感のある回廊型。南から北に向かって建物形状を高くし、日照や通風を確保している。「至誠ホール」は、可動席を含む315席の多目的ホールで、新校舎のシンボル的存在。

所在地　富山県富山市
施主　　富山県
設計　　福見建築設計事務所・
　　　　鈴木一級建築士事務所JV
竣工　　2014年3月
席数　　315

九州産業大学付属九州高等学校
KYUSHUコミュニティホール

2013年に創立50周年の記念事業の一環で、旧室内プールの跡地にコミュニティホール、アカデミックプラザ（文化系の部活動スペース）、アートライブラリー（読書と作品展示スペース）からなる新しい交流の場が完成。ホールは、固定席とスタッキングチェアを合わせて612席を備え、学年単位の学習活動に活用ができる。外壁・内壁・天井面にはガラスの開口部を設け、自然光が入る明るい空間となっている。

所在地　福岡県福岡市
施主　　学校法人九州中村高等学園
設計　　工藤和美＋堀場弘／シーラカンスK&H
竣工　　2013年11月
席数　　612

尚志館高等学校
視聴覚ホール

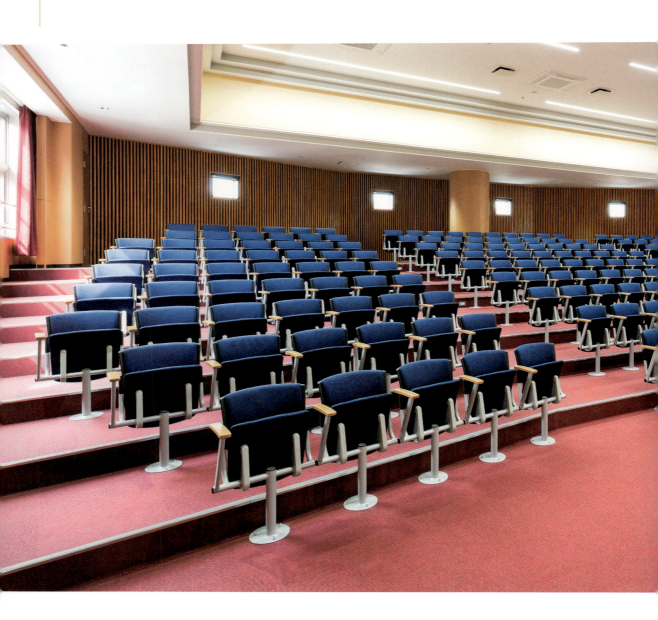

母体である川島学園の源流は、1916年に設立された鹿児島実業中学館。2016年に創立100周年を記念し、管理棟、センターホール棟、普通教室棟のいずれも3階建ての校舎が竣工。管理棟の玄関ホールは、吹き抜け空間の特徴的なデザイン。中庭に建つセンターホール棟の3階に設けられた視聴覚ホールは、階段状の床構造により、壇上から全席が一望できる。206席は、1本脚に片肘のポップなデザイン。舞台に大型スクリーンを設置し、講演や文化交流のほか、卒業生による出張授業など、知的な刺激の場となっている。

所在地　鹿児島県志布志市
施主　　学校法人川島学園
設計　　株式会社衛藤中山設計
竣工　　2015年7月
席数　　206

明治大学付属中野中学・高等学校
櫻山ホール

明治大学付属校のなかで、唯一の男子校。校地は、地域に親しまれた150mほどの桜並木「桜山通り」に面する。2009年に創立80周年を迎え、記念事業として校舎の全面的な建替えを計画。教育環境の充実と、地域の災害時避難所として機能強化がはかられた。2016年竣工の櫻山ホールは、スペースの多目的活用を見込んで、イスを電動で倒して舞台内部に収納する平床タイプの観覧席を導入。壁や床、イスの張地にブルーの濃淡を採用し、躍動感ある内装に仕上げている。

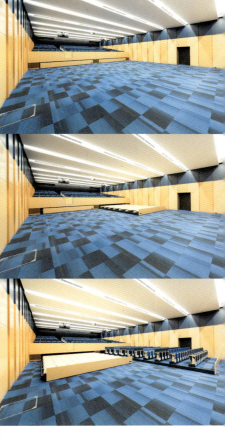

所在地　東京都中野区
施主　　学校法人中野学園
設計　　日建設計
竣工　　2016年3月
席数　　420

北海道大谷室蘭高等学校
講堂

室蘭大谷高等学校と登別大谷高等学校の統合校として2012年春に誕生。統合とともに、旧校舎の解体および新校舎建設計画がスタートし、2015年に講堂が完成した。空間は前方にスタッキングチェア、後方に移動観覧席を配し、イスの出し入れと間仕切りの設置で、最大収容人数500人のホールからオープンスペースまで、さまざまにレイアウトできる。竣工翌年には、卒業生を対象に成人式が行われた。

所在地　北海道室蘭市
施主　　学校法人望洋大谷学園
設計　　株式会社日本設計
竣工　　2014年11月
席数　　500

日南学園中学校・高等学校
ポーツマス・ホール 音楽室

宮崎県日南市は、1905年にポーツマス条約を締結した外務大臣小村寿太郎の出身地。その縁で、米国ニューハンプシャー州のポーツマス高校と交流が深く、毎年、相互のホームステイ研修も行われている。2014年に新校舎が竣工。条約締結の9月5日にオープニングセレモニーが開催され、姉妹都市のポーツマス市から贈られた鐘の音が響いた。2階に設けた音楽ホールは、171席と小ぶりながら、音の響きを重視した本格的な施設。主に演奏会や合唱部の練習などで使用されている。

所在地	宮崎県日南市
施主	学校法人日南学園
設計	松尾建設株式会社一級建築士事務所
監修	柴設計
竣工	2014年7月
席数	171

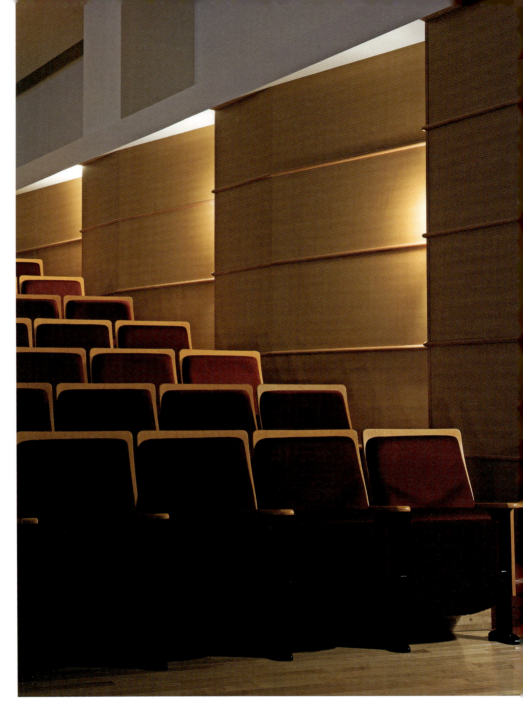

玉川大学
3号館 演劇スタジオ

所在地　東京都町田市
施主　　学校法人玉川学園
設計　　三浦・西野建築設計事務所
竣工　　1976年4月
席数　　481

芸術学部パフォーミング・アーツ学科の学生たちのパフォーマンスの場として、2010年にリニューアル。従来の壁面収納型の移動観覧席を、ベンチタイプから独立席に変え、張地も舞台照明に映える真紅に一新した。多角形のスタジオ形状を活かし、移動観覧席とスタッキングチェアの組み合わせで、多彩なレイアウトの空間演出が可能となり、ステージと客席が一体となれる臨場感ある劇場となった。

青山学院初等部
米山記念礼拝堂

所在地　東京都渋谷区
施主　　学校法人青山学院
設計　　清水建設株式会社一級建築士事務所
竣工　　2007年3月
席数　　950

小松宮邸の跡地に建ち、約1万平方メートルの敷地には、当時の日本庭園も残る。新校舎建築工事は2004年にスタート。最初に完成した5、6年生の「高学年棟」は屋上庭園や地階に室内温水プールを併設。開放的な食堂を備えた1〜4年生の「低・中学年棟」に続き、新礼拝堂が竣工。2007年に献堂式が行われた堂内は、天井高が13メートル以上あり、広々とした空間。洋画家の田中忠夫（1903〜95）が制作した16枚のステンドグラスに囲まれ、正面には大小の十字架が重なりあう「連立の十字架」が設置されている。パイプオルガンは、ドイツのルドルフ・フォン・ゲッケラート社製で、総パイプ数は2,091本。オーク材を使ったクラシカルな座席は約950席あり、初等部全校生徒が一堂に会すことのできる、信仰と交流の場となっている。

152	早稲田大学　早稲田キャンパス 3号館
160	東京理科大学　葛飾キャンパス 図書館大ホール
164	中村学園女子中学校・女子高等学校　講堂、調理師範室
168	聖光学院中学校・高等学校　小講堂
172	玉川大学　大学教育棟2014 大講義室
176	昭和女子大学　80年館西棟 コスモスホール
180	東京工業大学　レクチャーシアター［改修］
184	北海道大学　フード＆メディカルイノベーション国際拠点 多目的ホール
186	沖縄科学技術大学院大学　講堂
190	東京農業大学　農大アカデミアセンター 横井講堂
192	明治大学　駿河台キャンパス グローバルホール
196	愛知学院大学　名城公園キャンパス キャッスルホール
200	工学院大学　八王子キャンパス 総合教育棟
202	同志社大学　良心館
206	富山大学　医療イノベーションセンター 日医工オーディトリアム
208	北里大学　十和田キャンパス 本館
210	帯広畜産大学　産業動物臨床棟 臨床講義室
212	実践学園中学・高等学校　自由学習館 Freedom Hall
216	渋谷教育学園幕張中・高等学校　第二啓発室
218	三田国際学園中学校・高等学校
220	洗足学園音楽大学　シルバーマウンテン
224	青山学院大学　相模原キャンパス A棟アリーナ
226	日本大学　理工学部船橋キャンパス 理工スポーツホール
230	日本体育大学　スポーツ棟 メインアリーナ
232	大阪桐蔭中学高等学校　桐蔭アリーナ

3

新しいラーニングスタイル

早稲田大学
早稲田キャンパス 3号館

所在地　東京都新宿区
施主　　学校法人早稲田大学
設計　　株式会社久米設計
竣工　　2014年9月

80年の長き歴史をもつ旧3号館が、2014年、地下2階、地上14階、高さ約67mの新校舎に生まれ変わった。1933年の竣工から増築を繰り返し、早稲田キャンパスの象徴となってきた旧館は、主に政治経済学部の校舎として時を刻んできた。新校舎は、その景観継承を意識し、旧館南側のエントランス部分の再現や、鉄製扉の再利用など、かつての情景を未来へつなげる建築をめざした。新3号館は、政治経済学術院の新たな教育研究の拠点として、対話型・問題解決型を核とした多様な授業が展開されている。

旧館の「再現棟」と、先進的な空間と機能を兼備した「高層棟」を組み合わせた新3号館の1階ホールは、旧中庭を彷彿とさせるデザインで、新旧の時空が交錯するような場所。2つの棟がある特殊な構造の建物であるため、建築の新旧技術がふんだんに盛り込まれている。伝統技術へ挑戦し、旧校舎の瓦を職人が一枚一枚洗い直す一方で、高い耐震性能を備えた建物構造、太陽の光や熱を利用した環境への負荷を抑える発電・空調システムを実現している。

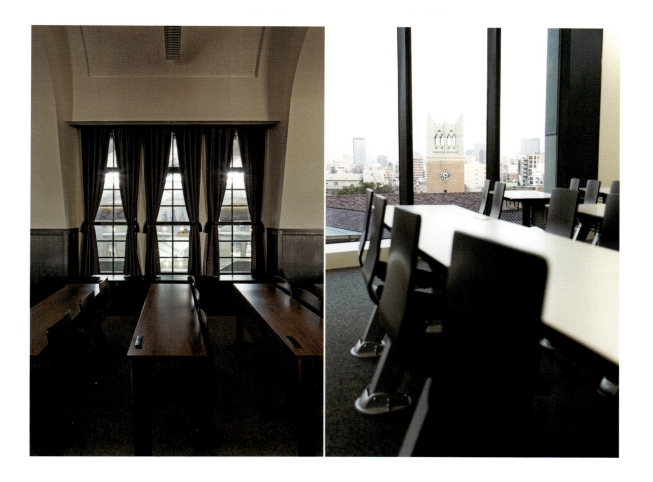

次世代型のラーニングスタイル｜新3号館の各フロア

1階は、10階までの吹き抜け空間をもつエントランスホール（P.156）。旧3号館にあった建物に囲まれた中庭（外部）を内部に取り込んだ。エスカレーターに映り込む再現棟の像により、旧3号館に囲まれた感覚を演出する。

2階は、教育と学修内容の公開、対話型や問題発見型・解決型授業を活性化する教育の場と考え、フロア全体の名称を「ラーニングコモンズ」とした。3室ある「CTLT Classroom」（P.157-5, 6）は、多様化するこれからの大学教育に対応する、ICTへの順応や可動家具などによりさまざまな授業形態のバリエーションが可能。「W Space」は、学生の発表やディベートなどの少人数の勉強会や自習スペースとして利用されている。

3〜5階は、再現棟との間の大きな吹き抜けを中心とした教室フロア。5階には瓦屋根に面するラウンジ空間もある。高層棟には、180〜360人規模の段床教室を配置。再現棟の教室は、窓廻りに木をつかうなど、内部仕上げも旧3号館のデザインを引き継いでいる。とくに4階の405教室（P.152）は特徴的な天井形状も踏襲した。

6〜9階は、教室・演習室・PCルームを設置。6階・8階にある200人クラスの教室では、円弧型や馬蹄型（P.157-7）の座席配置とし、人数が多くても一体感を演出。少人数教育に対応する演習室では、移動しやすい一人掛けの可動机を採用し、学修内容に合わせてフレキシブルに変化できる。

10階は事務・管理部門と4つの会議室、11階は大学院関連の実習室や院生のための研究室、12階〜14階は研究室フロアとなっている。学生読書室と研究図書室（P.157-1, 2）のある地下1階は、外光が入るようドライエリアを設置した。

159

東京理科大学
葛飾キャンパス 図書館大ホール

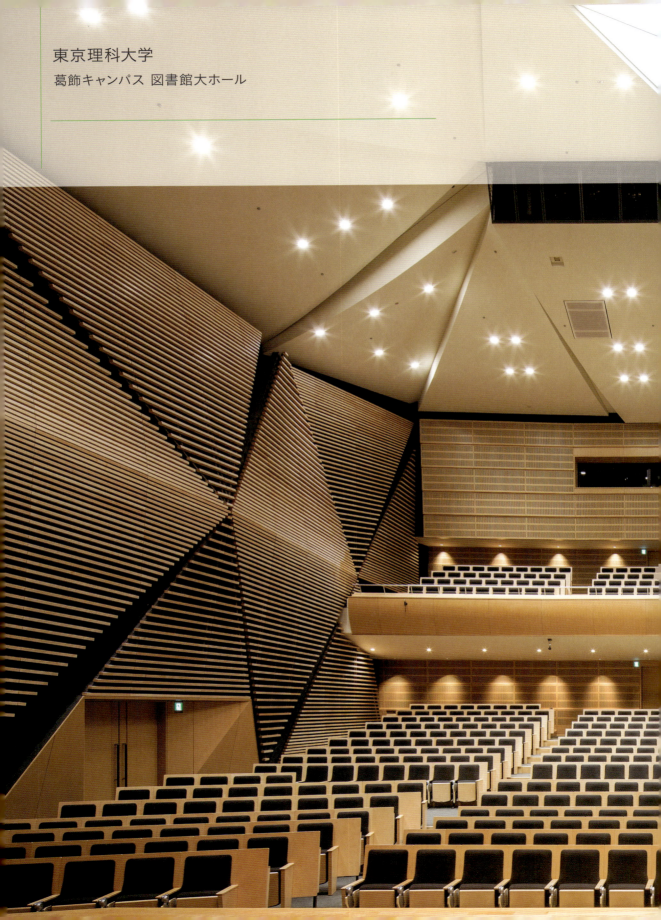

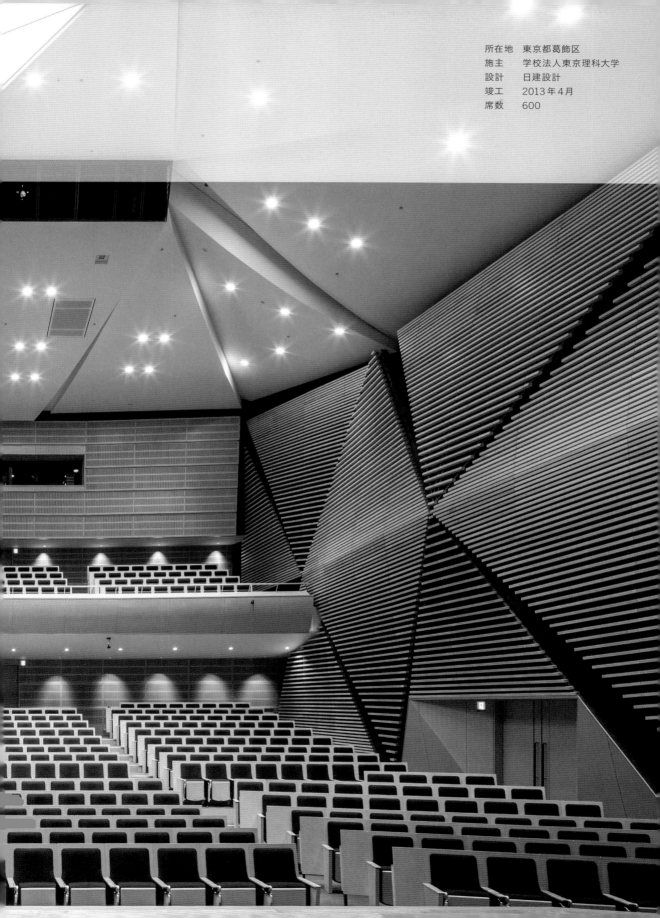

所在地　東京都葛飾区
施主　　学校法人東京理科大学
設計　　日建設計
竣工　　2013年4月
席数　　600

2013年、工学系の研究者を結集し、分野横断的に研究する葛飾キャンパスがオープン。その中心ともいえる図書館は、600人収容の大ホールを併設した複合施設。階高5mの1階に2つの中間階をL字型に設け、静かなゾーンと学生が議論できるゾーンに緩やかに分けつつ、吹き抜け空間で一体化している。1階を「メディアラウンジ」、階段状のフロアを「ブックギャラリー」と名付け、上階に上がるにつれて、より専門性の高い理工系の図書を配置。葛飾区民も学術利用が可能で、隣接する葛飾区の科学教育センターとともに、情報交流の場となっている。

中村学園女子中学校・高等学校
講堂、調理師範室

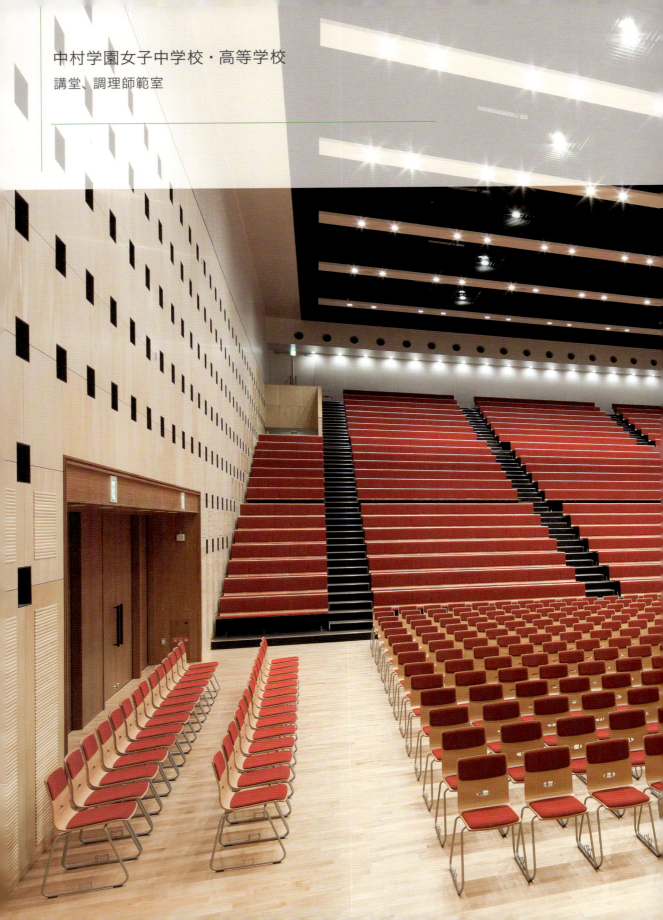

所在地　福岡県福岡市
施主　　学校法人中村学園
設計　　日建設計
竣工　　2010年9月
席数　　講堂 1,680

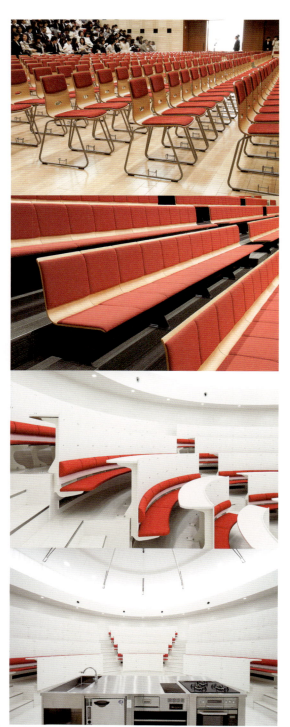

創立50周年を機に新校舎の整備が進められ、2010年に新しい講堂（P.164）と調理示範室も完成。講堂は、旧校舎のスタイルを引き継いだ階段席をフラットな床と組み合わせた形状。イスの移動で多様な空間に変化できる。キャンパス正面にそびえるすり鉢状の建物は、料理学校からスタートした学園のシンボルともいえる調理示範室。白とピンクの階段席が個性的で、調理のデモンストレーション教室として重要な位置を占める。

167

聖光学院中学校・高等学校

小講堂

1817年にフランスで創設されたキリスト教教育修士会を母体とする中高一貫教育校。2011年度から段階的に校舎の全面建替えが進められ、2014年に全工程が終了した。急勾配の階段席が特徴的な小講堂は252人収容。海外の大学の講義室を彷彿とさせる緊密な空間で、授業を行う。学年集会や保護者会に利用されるほか、学園祭「聖光祭」ではコンサートや映画上映も行われ、学外向けのイベント会場としても機能する。

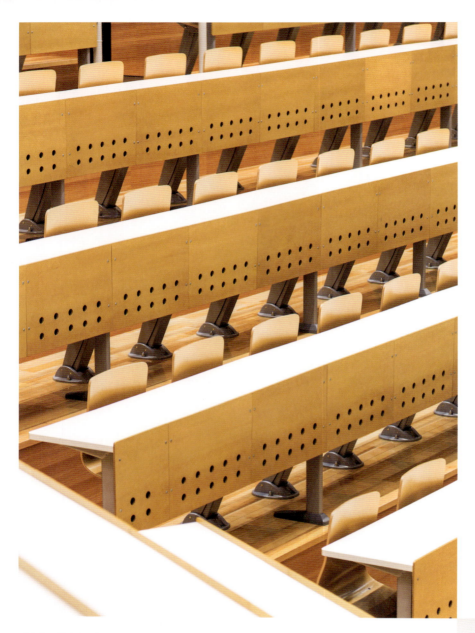

所在地　神奈川県横浜市
施主　　学校法人聖マリア学園
設計　　監修 株式会社地主道夫設計事務所
　　　　監修 株式会社アーキブレイン
　　　　戸田建設株式会社一級建築士事務所
竣工　　2014年11月
席数　　252

玉川大学
大学教育棟2014 大講義室

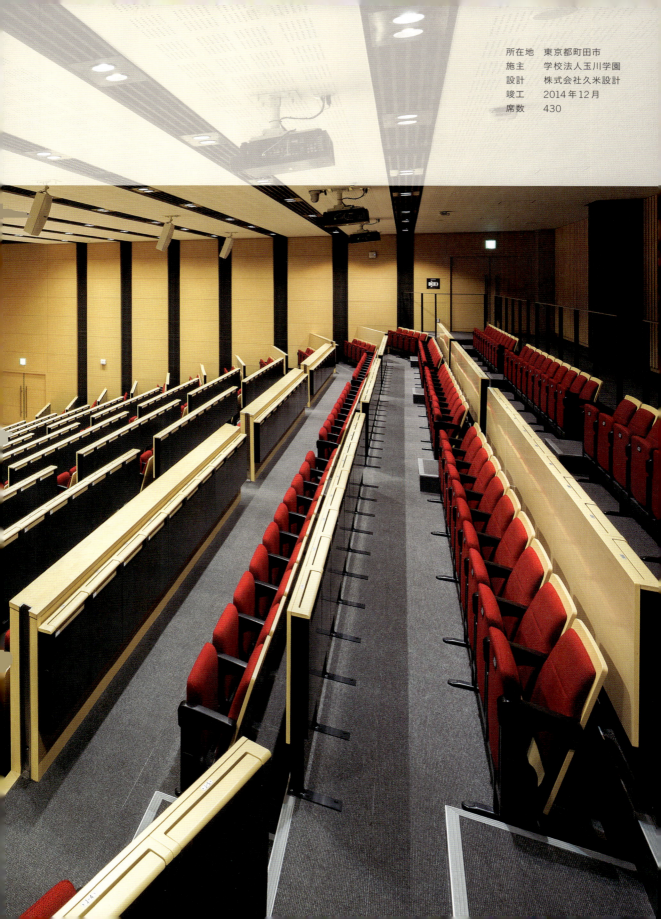

所在地	東京都町田市
施主	学校法人玉川学園
設計	株式会社久米設計
竣工	2014年12月
席数	430

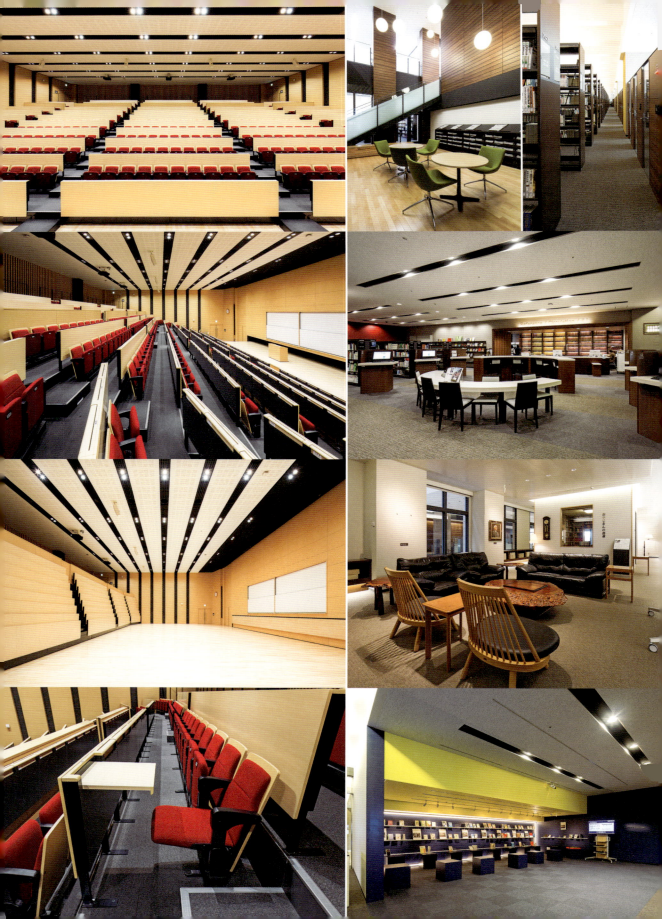

正門を入った左手に広がる玉川池の正面に、学園の新しいシンボルとして「大学教育棟2014」が誕生。1・2階には約85万冊収容の自動書庫のある教育学術情報図書館と、創立者小原國芳の書斎を再現した「おやじさんの書斎」を併設。3・4階にラーニング・コモンズ、5・6階には座席収納式の大講義室、最上階の7階には研究室と、多様な教育空間が揃う。各フロアは「見える化」を意識したガラス張りで、1～4階を貫く大階段から学生たちの学びの場を一望できる。

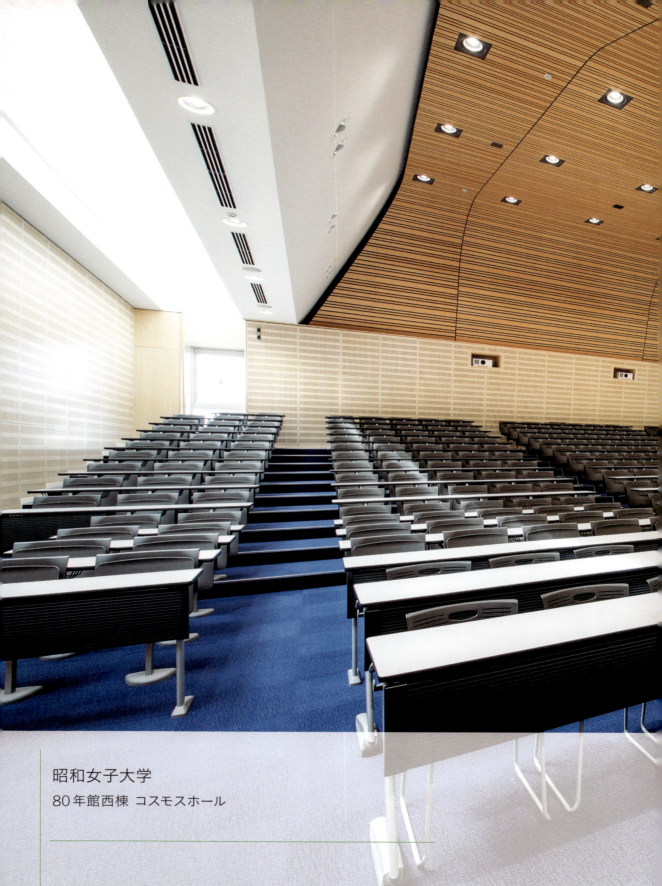

昭和女子大学
80年館西棟 コスモスホール

所在地　東京都世田谷区
施主　　学校法人昭和女子大学
設計　　株式会社一級建築士古橋建築事務所
竣工　　2014年3月
席数　　342

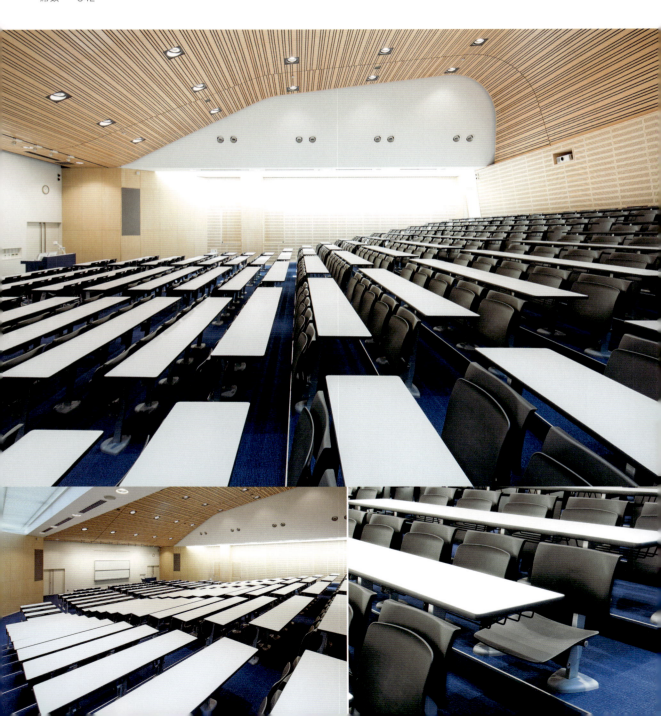

2000年に創立80年を記念して新築された80年館は、教室や研究室、学生ホールなどが入る地上6階地下2階建ての近代的な校舎。2014年、その80年館と連結する西棟が竣工。6階には342人収容の階段教室「コスモスホール」を併設。緩やかにうねる木に包まれた空間に、鮮やかなブルーのカーペットと机の白い天板が印象的な内装で、授業やセミナーのほか、オープンキャンパス時に講座説明会に利用されている。

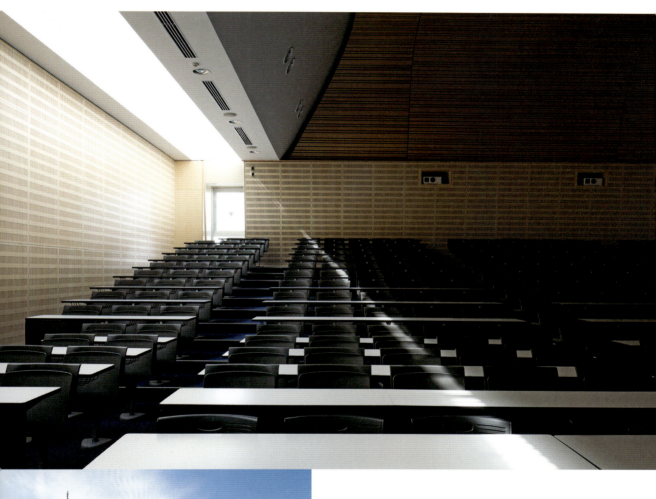

東京工業大学
レクチャーシアター［改修］

所在地　東京都目黒区
施主　　国立大学法人東京工業大学
設計　　株式会社類設計室
竣工　　2015年4月
席数　　274

日本最初の国立工業学校として1873年に設立した工学寮工学校を経て、1881年に東京職工学校が誕生。産業技術近代化の推進を担う人材育成を使命に、欧米の科学技術を取り入れた先進的な教育が行われた。東京工業大学はその歴史を継承し現在は、科学技術の力でグローバル社会に寄与できる人材育成のため、教育システムの抜本的な改革を掲げる。2015年に行われた改修では、改革を実践するための環境整備をテーマに、各所に空間デザインや設備の工夫がなされた。

魅せられる講義、臨場感のある演出

改修に際しては、最先端研究と実験の講義や講演をする環境の整備を目標に、「魅せられる講義」「臨場感のある演出」をコンセプトとして掲げた。既存の階段講義室の傾斜を急勾配に設定することからスタート。フラットな演台を取り囲むように座席を配置して、臨場感を演出する。これは、学生が教員や講師を身近に感じられる工夫のひとつでもある。

イスは、一般的な講義室と一線を画すクッション性の高さを追求し、劇場の客席を彷彿とさせる座り心地を生み出した。聴講時に欠かせないノートの記録のため、全席に収納型の机またはメモ台も装備。こうして、グローバルなプログラムにも呼応する空間ができあがっていく。

特筆すべき設備として挙げられるのが、スクリーンと電子黒板。ステージ上には、50インチの補助モニター3台を含む150インチスクリーン2枚、電子黒板1台を配置。前方黒板周囲の壁面全てに黒板塗装を施し（P.180）、多様なプレゼンテーションへの対応を図った。

室内後方には、レクチャー中の音響・映像・照明などの調節を容易にするオペレーション室も設けた。講義や講演内容、講師の求めに応じて最適な環境をセットすることができる。

東京工業大学国際フロンティア理工学教育プログラム

北海道大学
フード＆メディカルイノベーション国際拠点 多目的ホール

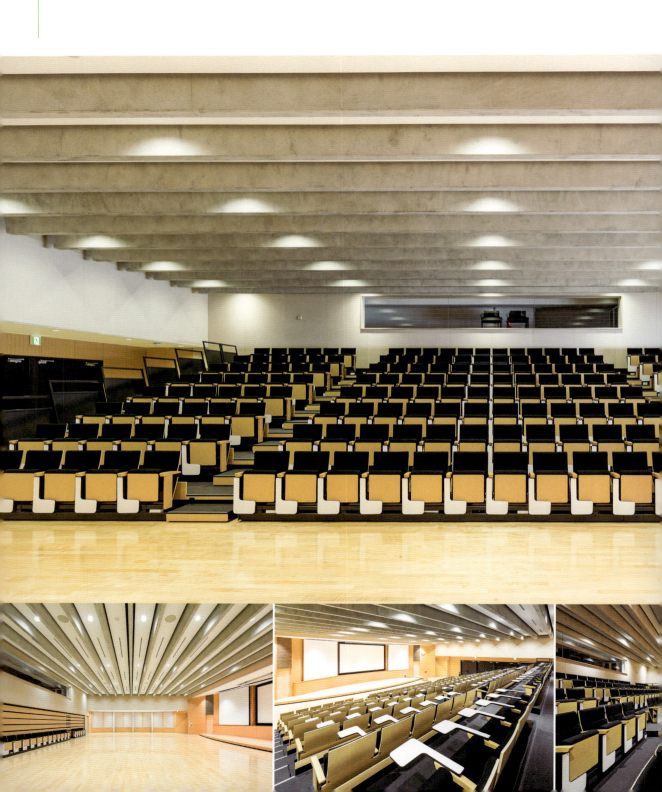

所在地　北海道札幌市
施主　　国立大学法人北海道大学
設計　　日建設計（デザイン監修）
　　　　清水建設株式会社一級建築士事務所
竣工　　2015年3月
席数　　192

東京ドーム38個分という日本一広大なキャンパスの一角に、2015年産学連携の研究拠点が完成。大学・企業・地域の市民が集う施設として、北海道ならではの「食」と「医療」の複数分野融合をはかる。国際会議にも対応する192席の多目的ホールを筆頭に、さまざまなコミュニケーションスペースを設置。エントランスホールの吹き抜けと一体化したホワイエは、校章の意匠でもあるエンレイソウをイメージ。拠点のコンセプトである「一つ屋根の下」を喚起する。

沖縄科学技術大学院大学
講堂

沖縄本島の西海岸を見下ろす恩納村の丘陵地に、2011年に開学した大学院大学。5年一貫の博士課程を置き、沖縄を拠点に世界最高水準の教育・研究をめざす。教員と学生の半数以上を外国人とし、研究や授業は全て英語で行われる。約500人収容の講堂は、前方のステージエリアがフラットで、階段状の客席と一体感を醸す。南国らしいオレンジの張地が目に鮮やかなイスは、PC対応、通訳機器、肘付きテーブルを装備した幅の広い設計で、グローバルな研究者が集まる講義やシンポジウムに対応する。

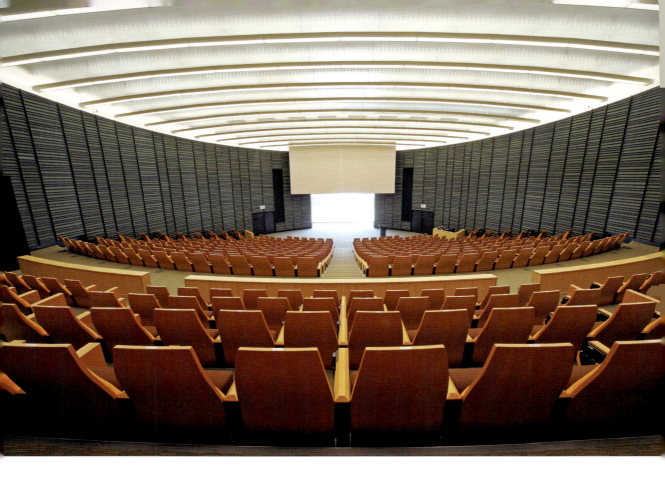

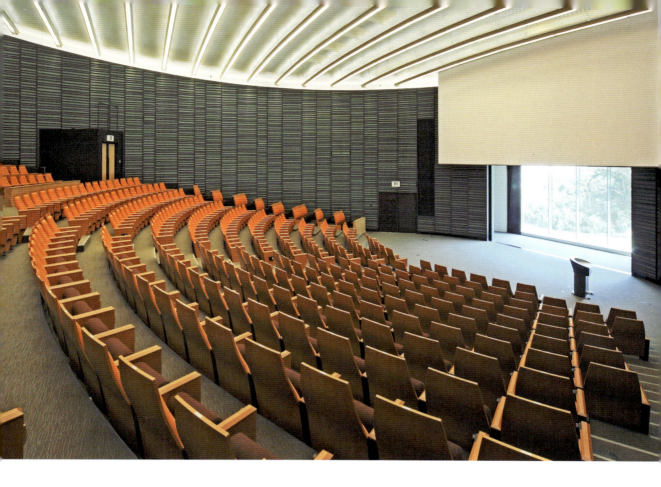

所在地　沖縄県国頭郡
施主　　学校法人沖縄科学技術大学院大学学園
設計　　日建設計・コーンバーグ アソシエイツ・国建共同体
竣工　　2012年1月
席数　　497

東京農業大学
農大アカデミアセンター 横井講堂

所在地　東京都世田谷区
施主　　学校法人東京農業大学
設計　　株式会社久米設計
竣工　　2013年11月
席数　　281

創立125周年に向けた教育環境整備事業の一環として、2013年に地下2階、地上9階の農大アカデミアセンターが完成。閲覧席1,000席、100万冊の収蔵が可能な図書館（3～7階）を中心に、大学本部機能などが集約された複合施設。地下1階の横井講堂は、72本のヒノキの無垢柱に囲まれた空間。柱と調和した281の固定席に、テーブルを装備し、講義やセミナーに対応。またイスに空調の吹き出し口を設けて、ランニングコストの低減やCO_2削減など環境面に配慮した。

明治大学
駿河台キャンパス　グローバルホール

キャンパスのある御茶ノ水界隈は、坂や高低差のある微地形と、緑豊かな環境が特徴。ニコライ堂や聖橋などの歴史的建造物と新しい建物とが対比的に共存する。リバティタワー、アカデミーコモン（P.195）と並ぶ、3つめの高層棟として、グローバルフロントが誕生。地上17階、地下1階建てのビルに、人文・社会系の大学院、研究・知財戦略機構、国際連携機構を集約する。1階のグローバルホールは、国際会議にも対応し、デザインと機能性で、先進的研究拠点をめざす施設の顔となっている。

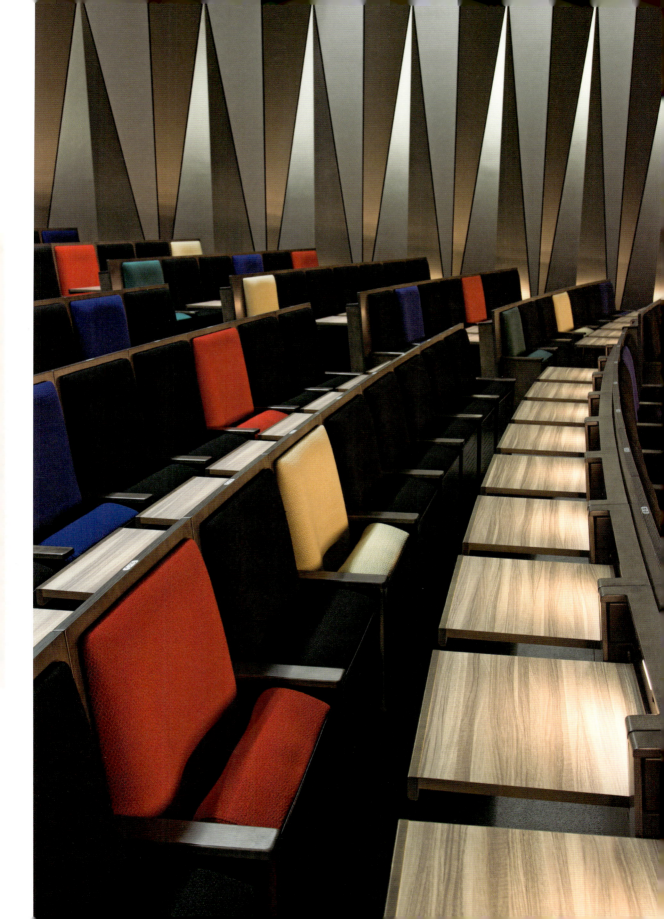

所在地	東京都千代田区
施主	学校法人明治大学
設計	日建設計
竣工	2013年1月
席数	192

アカデミーコモン（竣工 2003年12月、設計 株式会社久米設計）のアトリウム空間に設置されたアメリカのアーティスト、チャールズ・ロスの作品。9本のプリズムを取り付けたトップライトに自然光が射し込むと、吹き抜け空間にスペクトル（虹の影）が現れる。

Charles Ross, *Conversation with Sun*, 2004

愛知学院大学
名城公園キャンパス キャッスルホール

名古屋城のある総合公園に隣接する緑豊かな環境に、2014年商・経営・経済のビジネス系3学部が集結する名城公園キャンパスが誕生。校舎は、3学部の教室や事務機能が集まる10階建てのアガルスタワー、ライブラリーやICT教室が入るインテリジェンスキューブ、カフェや食堂などのあるくすのきテラス、そして374席の大教室を備えたキャッスルホールの4棟。吹き抜けホールの廊下に立つ3層におよぶ漆黒のレリーフは、豊嶋敦史の作品（PP.196-97）。樹齢700年ともいわれる永平寺の五代杉を再利用している。

所在地　愛知県名古屋市
施主　学校法人愛知学院
設計　株式会社大建設計
竣工　2014年4月

PP.196-97作品：豊嶋敦史《火滝》
2014年、永平寺五代杉・木造形

工学院大学
八王子キャンパス 総合教育棟

所在地　東京都八王子市
施主　　学校法人工学院大学
設計　　株式会社千葉学建築計画事務所
竣工　　2012年8月

パサージュのある出会いの場

125周年記念総合教育棟の設計では、大学での人の集まり方が一つの大きなテーマである。大勢が一堂に会する講義、数人で議論を交わすゼミ、先生と学生との一対一の論文指導、一人じっくり行う研究など、多様な人の集まり方こそ大学らしい。それが体感できる場として、4つのL形をした建築が寄り添い、敷地の四隅に4つの広場と中央に風車形をした路地的なパサージュをつくる構成とした。広場に面しては開放的な廊下が巡り、パサージュを介しては、さまざまな大きさの講義室や研究室が向かい合う。こうすることで教室は、単なる講義の場所を超えて出会いの場になったり、友人たちの活動に刺激を受けたり、あるいはまた新たな興味を発掘する場所にもなり、学生の社会性を育むきっかけにもなると考えた。

もう一つ、建築そのものを教材にすることも、大きなテーマとなっている。例えば床躯体は、大きな講義室にはPC、小さな講義室は現場打ちコンクリートを用いたり、開口部は、広場側がアルミサッシ、パサージュ側はスチールサッシで、外を見る窓、換気の窓、顔を出すことのできる窓など、用途に応じて使い分けている。また壁仕上げも、構造体はそのままコンクリートやモルタルとし、それ以外の乾式壁はすべて木質とするなど、建築の成り立ち方を素直に表現した構法や素材、ディテールを選択した。

空調についても、床吹き出しを基本としながら、空調イスを実験的に取り入れて、今後も継続的に観察していくことができるような仕組みを採用している。特に空調イスは、工学院大学の野部先生とコトブキシーティングの共同研究によって生まれたもので、このような継続性のある研究がそのまま建築に採用されることは、学生たちにとっても幸せなことである。

東京大学大学院／株式会社千葉学建築計画事務所
千葉 学

同志社大学
良心館

今出川キャンパスは、同志社英学校がこの地に移転した1876年以来、140年の歴史が刻まれた場所で、礼拝堂（P.205上左）、彰栄館（同、中央）、クラーク記念館（同、右）など、重要文化財に指定された煉瓦造りの建物がそれを物語る。　良心館は同志社中学校の跡地に2012年竣工。延床面積は約4万平方メートル。建物中央部の2〜3階に日本の大学では最大級のラーニング・コモンズを設け、4階全フロアを小教室、演習室が占める。

所在地　京都府京都市
施主　　学校法人同志社
設計　　同志社大学今出川キャンパス
　　　　整備設計企業体
　　　　（担当 東畑建築事務所）
竣工　　2012年10月

富山大学
医療イノベーションセンター 日医工オーディトリアム

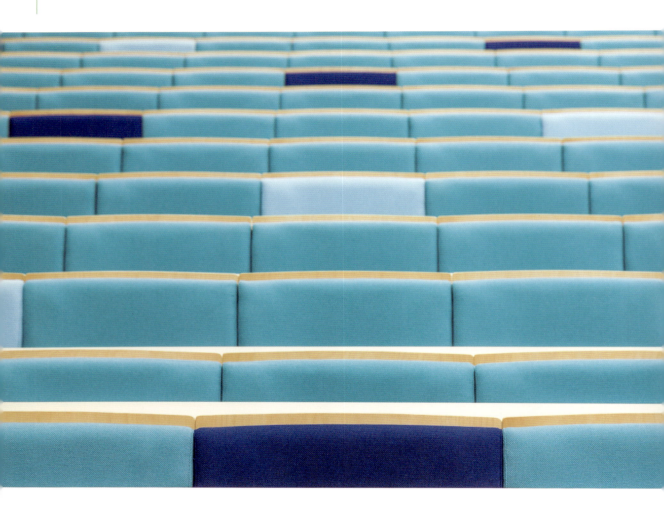

医学部、薬学部、和漢医薬総合研究所など、富山大学の医薬系研究の拠点である杉谷キャンパスに、2014年新研究棟「医療イノベーションセンター」が完成。医学部と薬学部の研究スペースを拡充するため建設され、5階建ての施設に研究室や実験室など、さまざまな部屋が設けられた。日医工オーディトリアムは、学生のデザインによる市松模様の壁面と、ランダムに配された青の濃淡が印象的な320席の講義室。鮮やかなブルーが大学の総合カラー、濃淡がそれぞれ薬学部と医学部のテーマカラーを表す。劇場仕様の座席は、膝に向かってクッションを薄くすることで、足下の動きを自由にし、立ち座りを楽にした人間工学的デザイン。また、入口から一番近い座席を車椅子対応にした。地域の中核となる医療機関を擁するキャンパスとして、国内外からの多様な人材に研究環境を提供している。

所在地	富山県富山市
施主	国立大学法人富山大学
設計	株式会社類設計室
	株式会社新日本設備計画
竣工	2014年12月
席数	320

北里大学
十和田キャンパス 本館

北里研究所100周年事業の一環として、国立公園に隣接するキャンパスに新校舎が誕生。農場や牧場もある自然豊かな敷地に、分散していた教室や中心的な機能が2つの棟に集約された。獣医学部の実習が行われる教室は、動線を重視したミニマルなデザイン。各室をつなぐ階段に動物の足跡のグラフィックを施し変化をつけた（P.209右下）。カンファレンスルーム（上）に設置されたガラス板は、ホワイトボードやスクリーンとして利用され、意匠と機能を兼備した理系らしい空間を実現している。

所在地　青森県十和田市
施主　　学校法人北里研究所
設計　　KAJIMA DESIGN
竣工　　2014年8月

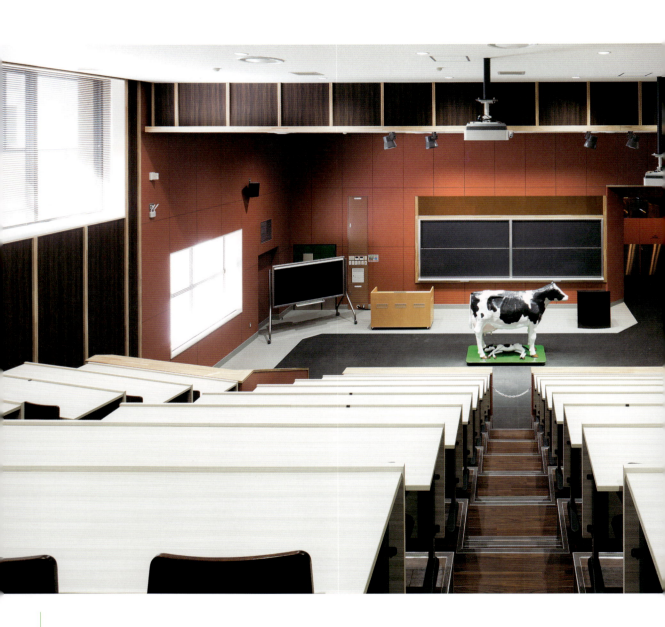

帯広畜産大学
産業動物臨床棟 臨床講義室

動物の診察から治療・解剖までを、一つの流れとして学ぶことができる施設群として、2015年に誕生した。前年に整備された「動物・食品検査診断センター」「病態診断棟」とスカイウォークで連結され、アジアの獣医学教育の拠点をめざす。産業動物臨床棟の1階にある臨床講義室は、実際に動物が搬入できるよう、ステージスペースをフラットに広く設けた。急勾配の階段によって後列にも視界が広がり、作業をつぶさに実見できる。

所在地　北海道帯広市
施主　　国立大学法人帯広畜産大学
設計　　株式会社北海道日建設計
竣工　　2015年10月
席数　　130

実践学園中学・高等学校
自由学習館 Freedom Hall

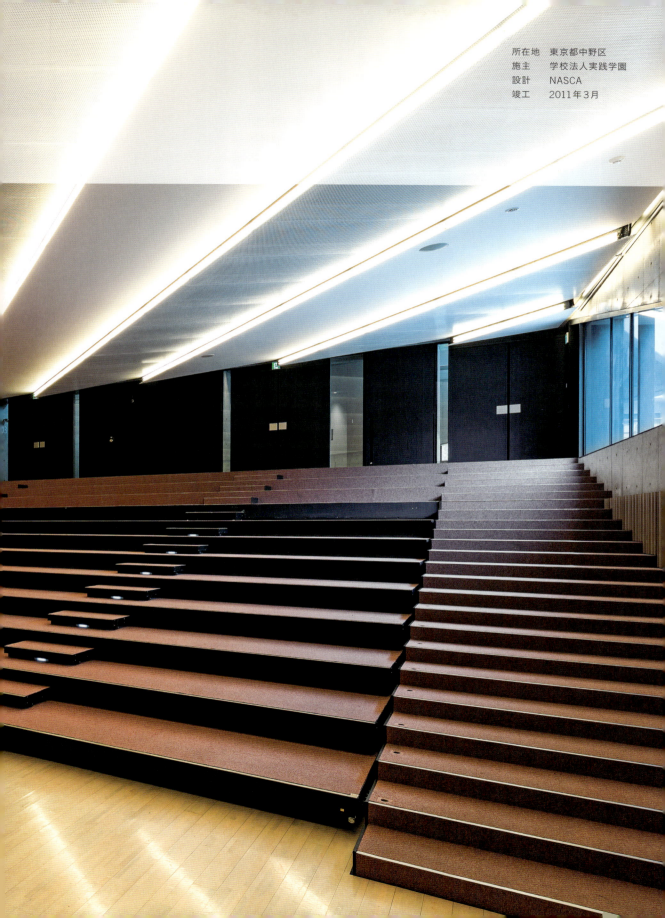

所在地　東京都中野区
施主　　学校法人実践学園
設計　　NASCA
竣工　　2011年3月

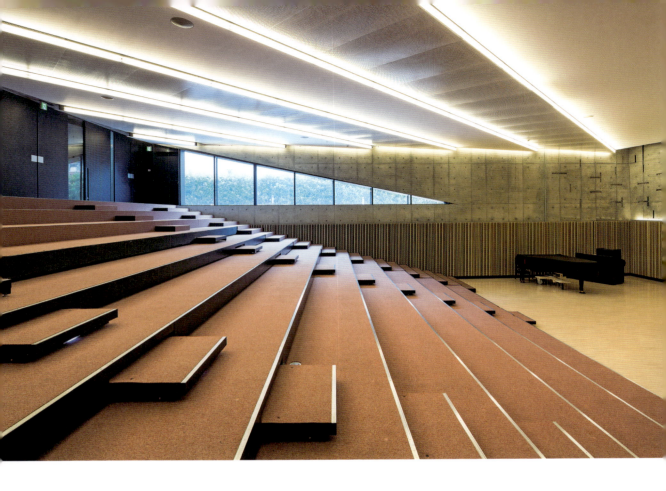

コミュニケーションデザイン教育など、ユニークな自学自習の場として開館した自由学習館。個性的な外観は「ハウス」をイメージし、近隣社会との接点としても意識されている。併設するホールには階段のみの移動観覧席を導入し、席数の増減にもフレキシブルに対応可能な空間づくりをめざした。天井に傾斜のついた反射パネルと吸音用の有孔パネルを配して反響を抑えている。また、コンクリート壁に木目を設置した内装や、間接照明と窓からの自然光を組み合わせた照明で、視覚的にも落ち着いた学習環境を生み出している。2013年度の日本建築大賞を受賞。

215

渋谷教育学園幕張中・高等学校
第二啓発室

開校30周年を記念し、2013年に図書館と特別教室がインタラクティブに見通せる「メモリアルタワー」が完成。既存の図書館機能を拡充して収容書籍数を約12万冊に増加させ、コンピュータ・音楽・美術などの教室を同一空間内に設けて視覚的にも連続させた、新しい教育環境の創出を意図している。最上階6階の第二啓発室は、電動式移動観覧席を含む450席。全てを収納した状態で、課外活動やクラブ活動にも利用されている。

所在地　千葉県千葉市
施主　　学校法人渋谷教育学園
設計　　株式会社竹中工務店
竣工　　2013年4月
席数　　450

三田国際学園中学校・高等学校

所在地　東京都世田谷区
施主　　学校法人戸板学園
設計　　株式会社久米設計
竣工　　1993年4月

学園の源流は、1902年創立の戸板裁縫学校。戸板中学・女子高校を経て、2015年に学校名を変更し、男女共学の中高一貫校となった。校舎は、中央の芝生があるパティオを中心に、教室棟、本館棟、ホール棟が三角形に配置されている。全ての教科で、ディスカッションやプレゼンテーションを積極的に採り入れたアクティブ・ラーニング形式の「相互通行型授業」が行われており、教室では内容に合わせて、机やイスを自由にレイアウトしている。

洗足学園音楽大学

シルバーマウンテン

所在地　神奈川県川崎市
施主　　学校法人洗足学園
設計　　k/o design studio＋KAJIMA DESIGN
竣工　　2013年8月

2013年竣工の新校舎「シルバーマウンテン」は、ドーム形のユニークな建物。照明の色が異なる地階（グリーン）、1階（レッド）、2階（ブルー）に、それぞれリハーサル室を兼ねた3つの小ホールが入る。各室は、学内にある1,100人収容の「前田ホール」と同じ広さの舞台をもち、練習やリハーサルに活用されるほか、ホールとは趣の違うクリアな音響効果から、リサイタルや室内楽のコンサートが行われる。

青山学院大学
相模原キャンパス A棟アリーナ

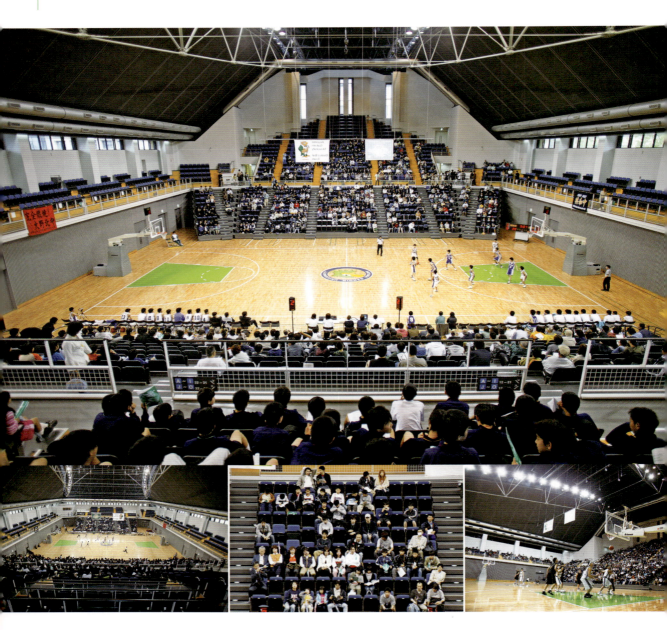

相模原キャンパスは、理工学部・社会情報学部に加え、2015年に地球社会共生学部が設置された。16万平方メートルの広大な敷地に、校舎群やチャペルのほか、野球場やスタジアムなどのスポーツ環境が充実。2003年のキャンパス開設時に竣工したアリーナは、最大約2,000人が収容できる本格的施設。1929年創部の強豪バスケット部などの拠点として、熱戦の舞台となっている。

所在地	神奈川県相模原市
施主	学校法人青山学院
設計	日建設計
竣工	2003年3月
席数	1,957

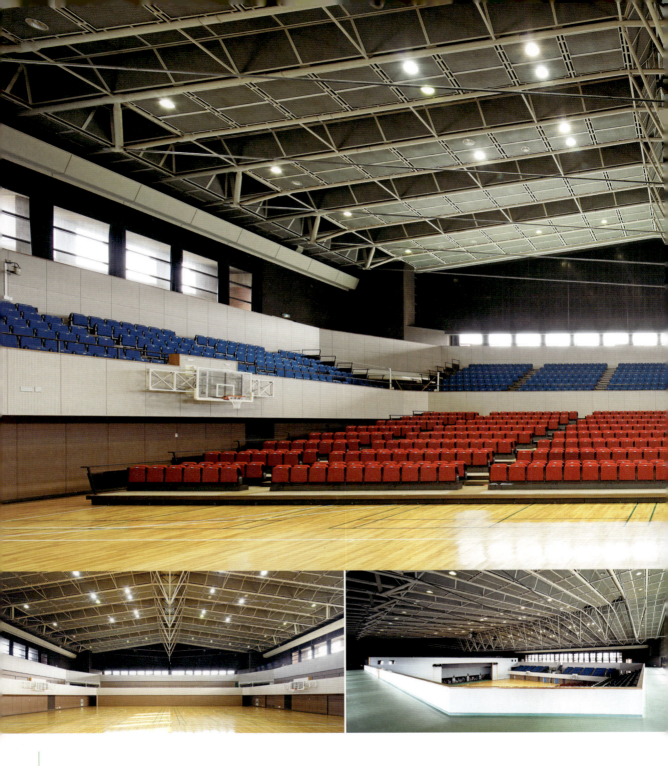

日本大学
理工学部船橋キャンパス 理工スポーツホール

所在地　千葉県船橋市
施主　　学校法人日本大学
設計　　日本大学理工学部理工学研究所
竣工　　1985年3月
席数　　1,900

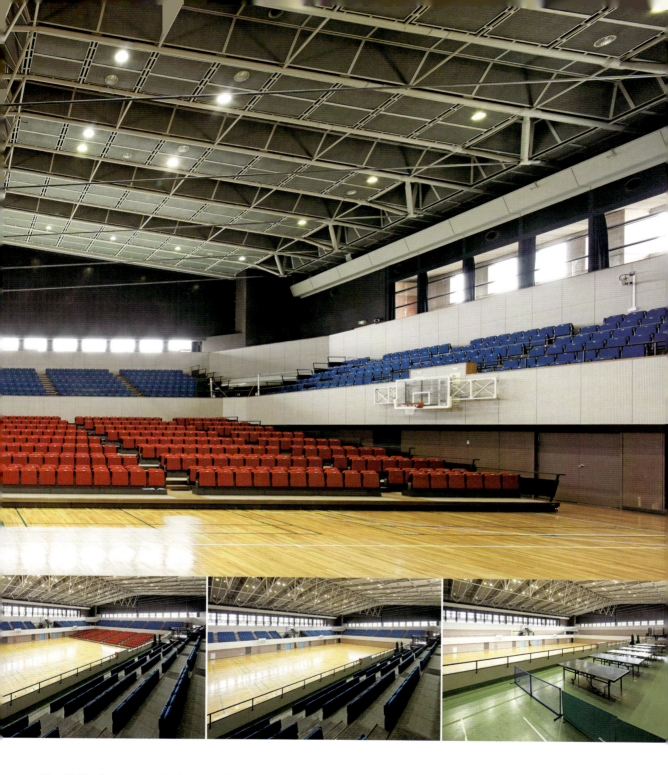

理工学部のキャンパスに誕生したスポーツ専用施設。屋根に梁と引張材を組み合わせた、軽快で安全性の高い張弦梁構造をもつ。3階建ての1階はバスケットコート2面分のアリーナ、2階は卓球やバトミントンができる小アリーナ（P.228下）、3階には200メートルのランニングコースを有する。壁面パーテーション内に収納された電動式移動観覧席を展開すれば、1・2階は式典の客席に（P.228上）、2階だけ展開すれば、試合の観覧席にもなる。アリーナの多目的活用の先駆けとして注目され、1986年に東京建築賞優秀賞を受賞。

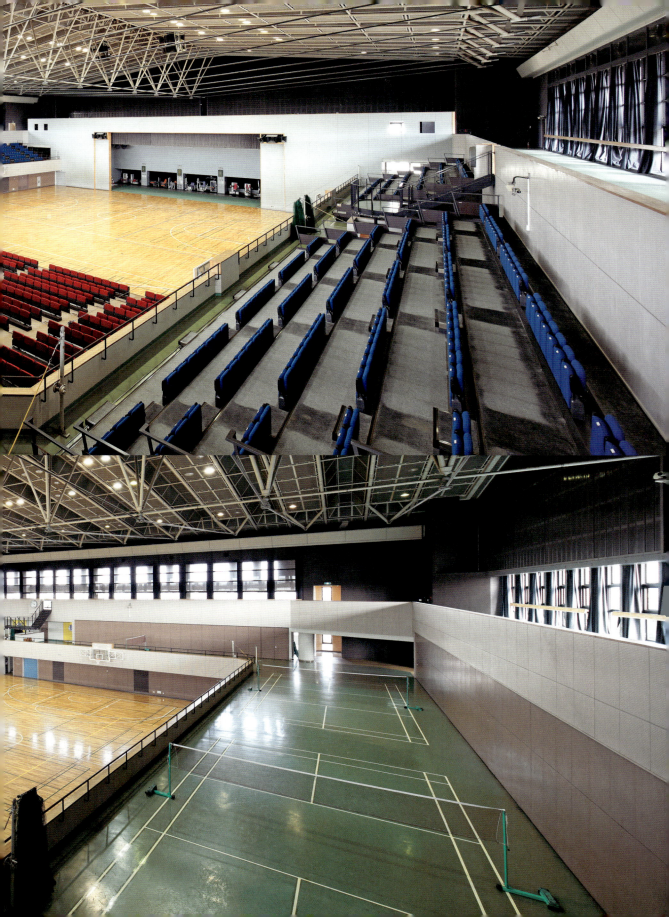

日本体育大学
スポーツ棟 メインアリーナ

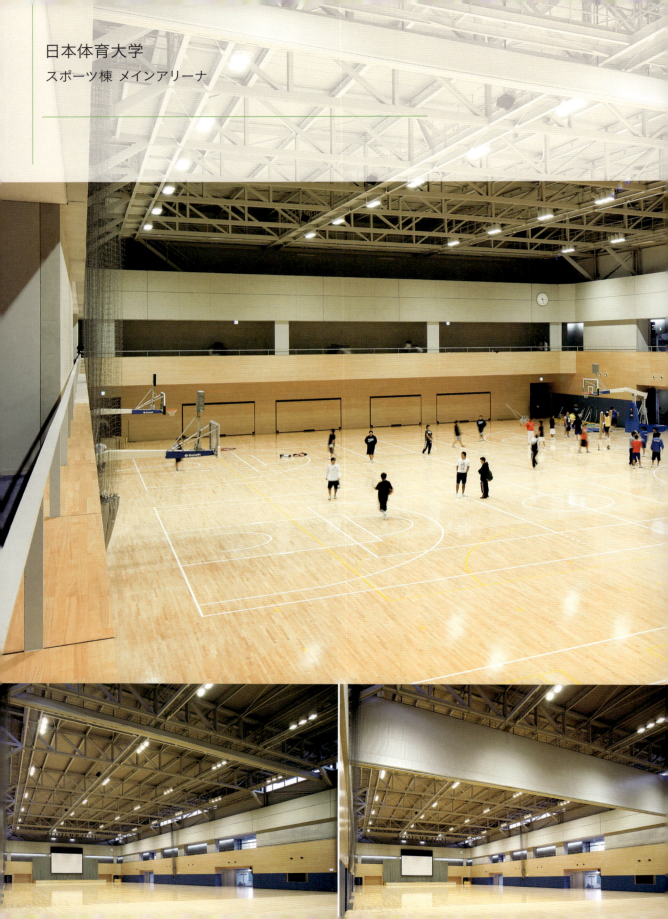

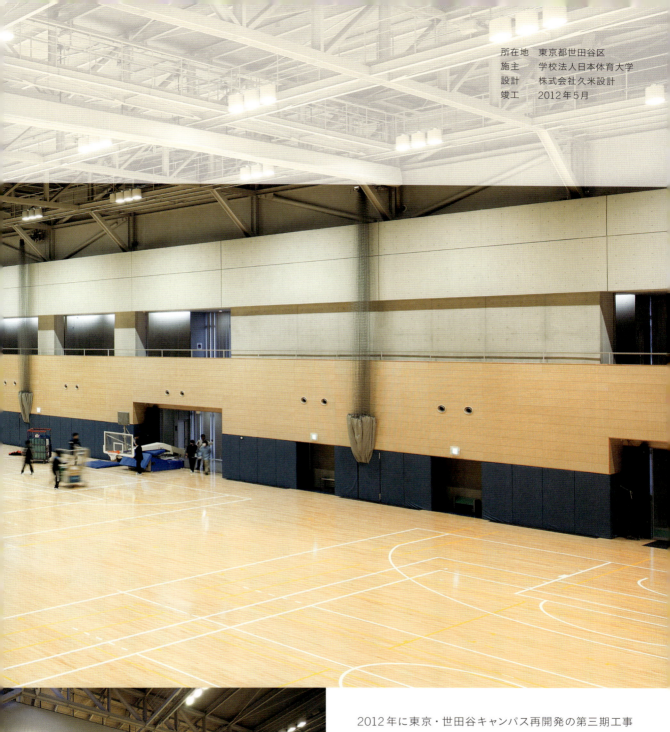

所在地	東京都世田谷区
施主	学校法人日本体育大学
設計	株式会社久米設計
竣工	2012年5月

2012年に東京・世田谷キャンパス再開発の第三期工事が竣工し、待望のスポーツ棟が完成。メインアリーナは、スポーツ部の活動と式典の両方に対応できる多機能なスペース。普段は、超大型電動間仕切で空間を分割し、バスケットボール部とバレーボール部が使用している。間仕切は、電動でロール状に巻き上げて天井に収納できる。一方、式典の際には、壁面に収納されたステージや移動観覧席を展開すれば、約2,000人収容の会場が設営できる。

大阪桐蔭中学高等学校
桐蔭アリーナ

多くのアスリートを輩出し、スポーツの強豪校として知られる。2013年に煉瓦のアーチが印象的なクラシカルな建物内に、外観とは対照的に、最大で3,000人を収容する近代的なアリーナを設けた。天井の梁を覆う化粧が施され、腰壁はダークトーンの木目で統一。同色の観覧席とも相まって、洗練された新しいアリーナ空間を提示している。床面積はバスケットボールコート2面分。体育授業や部活動の拠点としてだけでなく、各種式典など大規模なイベントの会場としても利用される。

所在地　大阪府大東市
施主　　学校法人大阪産業大学
設計　　有限会社橋本設計事務所
竣工　　2013年2月
席数　　798

掲載写真一覧（補遺）

[凡例]
・ここでは、本文中に掲載された写真について補うべき情報をまとめた。
・ページに続く数字は、図版番号を表す。図版番号はページの上段（左から右へ）、中段（同）、下段（同）の順。2ページにまたがる写真は最初のページを採用した。

1 伝統と歴史の継承

東京大学　安田講堂　PP.10–15
撮影：荒木文雄（PP.10–14）、村田雄彦（P.15）
P.13　1　エントランス
P.13　2　講堂外観
P.15　1–6　クッション・張地の張り替え工程（株式会社田中製作所）
P.15　7–12　木部材の補修・修繕工程（株式会社甲府コトブキ）

千葉大学　ゐのはな記念講堂　PP.16–19
撮影：荒木文雄
P.18　5　講堂外観
P.19　1　舞台後壁彫刻　流政之
P.19　2　ホワイエ

成城学園　澤柳記念講堂　PP.20–23
撮影：村田雄彦
P.23　1–3　講堂ロビー
P.23　4　講堂外観

清泉女子大学　本館、1号館、2号館　PP.24–27
撮影：荒木文雄
P.24　本館（2階020教室）
P.25　1　本館（2階023教室）
P.25　2　本館2階ロビー
P.25　3　本館1階ロビー
P.25　4　本館外観
P.26　1号館（4階140教室）
P.27　本館エントランス

武蔵学園　大講堂　PP.28–31
撮影：村田雄彦
P.31　3　2階展示室
P.31　4　1階客席後方入口付近
P.31　5　講堂外観

東京慈恵会医科大学　中央講堂　PP.32–35
撮影：村田雄彦
P.35　5　大学本館外観

早稲田大学　大隈記念講堂 大講堂　PP.36–39
撮影：滝本徳明
P.37　1　講堂外観
P.37　2　外回廊

山脇学園中学校・高等学校　山脇ホール　PP.40–43
撮影：村田雄彦
P.43　2　ホールロビー
P.43　3　新1号館階段のステンドグラス

早稲田大学高等学院　73号館 講堂　PP.44–45
撮影：村田雄彦
P.45　2　73号館外観

関西学院　中央講堂　PP.46–49
撮影：村田雄彦
P.48　3　オーストリア・リーガ社製のパイプオルガン
P.48　4, 5　講堂ロビー
P.48　6　講堂外観
P.48　7　講堂1階（後方スライディングウォール開放）

桐朋中学校・桐朋高等学校　ホール、プラネタリウム　PP.50–51
撮影：荒木文雄
P.50　2　ホール前列とガラスエリア
P.50　3　プラネタリウム
P.50　4　校舎中庭

上野学園　石橋メモリアルホール　PP.52–55
撮影：滝本徳明

鎌倉女子大学　松本講堂　PP.56–57
撮影：村田雄彦
P.57　4　グラウンド、校舎外観

徳島大学　大塚講堂　PP.58–59
撮影：村田雄彦
P.59　3　講堂ロビー

昭和学院中学校・高等学校　伊藤記念ホール、メインアリーナ、プラネタリウム　PP.60–63
撮影：滝本徳明
PP.60–62　伊藤記念ホール
P.63　1, 2　プラネタリウム
P.63　3, 4　メインアリーナ
P.63　5　校舎外観

東京経済大学　大倉喜八郎 進一層館 Forward Hall　PP.64–65
撮影：荒木文雄
P.65　2　建物1階内観
P.65　3　建物外観

広島大学　サタケメモリアルホール　PP.66–69
撮影：村田雄彦
P.68　1　緞帳 平山郁夫作《月光流砂らくだ行》
P.69　2　ホワイエ
P.69　3　ホール外観

東北大学　百周年記念会館 川内萩ホール　PP.70–71
撮影：大野繁
P.70　3　バルコニー席
P.71　1　ホール外観

九州大学　椎木講堂 コンサートホール　PP.72–77
撮影：荒木文雄（PP.72–75; P.76 1–2, 4; P.77）
P.73　1　ガレリア2階
P.73　2　講堂外観
P.76　3　写真提供：内藤廣建築設計事務所
P.77　1　ガレリア1階
P.77　2　ホワイエ

2　交流とコミュニケーション

四国学院大学　ノトススタジオ　PP.80–85
撮影：佐藤和成（PP.80; 81 1–3; 82–85）、大野繁（P.81 4）
撮影協力：四国学院大学 社会学部 身体表現と舞台芸術マネジメントメジャー（演劇コース）
P.81　4　ノトス館外観

文教大学付属中学校・高等学校　LOTUS HALL　PP.86–89
撮影：荒木文雄
P.88　3　ラーニングセンター階段
P.88　4　West Port（中学棟）外観

桐蔭横浜大学　大学中央棟 クリエイティブスタジオ、講義室
PP.90–93
撮影：村田雄彦
P.90–91　クリエイティブスタジオ
P.92　1　大講義室
P.92　2, 3　中講義室
P.93　1　大講義室
P.93　2, 3　中講義室
P.93　4　大学中央棟外観

目黒星美学園中学校高等学校　PP.94–97
撮影：村田雄彦
PP.94–95　図書館
P.96　1　多目的教室
P.96　2　マリア・ホール
P.96　3　校庭、校舎外観
P.96　4　外回廊
P.96　5　生徒ラウンジ
P.96　6　生物室

立正大学　品川キャンパス 第二食堂　PP.98–101
撮影：荒木文雄
P.100　4　7号館（正面）、10号館（右手）

水城高等学校　山野内記念講堂　PP.102–05
撮影：村田雄彦
P.104　3　講堂ロビー
P.105　1, 3　講堂内観
P.105　2　講堂外観

関西大学北陽高等学校・中学校　総合体育館　PP.106–09
撮影：佐藤和成
P.109　2　エントランスホール
P.109　3　グラウンド、体育館外観

開智日本橋学園中学校・日本橋女学館高等学校　多目的ホール
PP.110–11
撮影：滝本徳明
P.111　2　校舎（中央）

本郷中学校・高等学校　2号館 講堂　PP.112–13
撮影：村田雄彦
P.113　4　2号館外観

安田学園中学校高等学校　新中学棟 コミュニケーションスペース
PP.114–17
撮影：村田雄彦
P.116　3　旧安田庭園、南館（新中学棟）外観

アメリカン・スクール・イン・ジャパン　クリエイティブアーツデザインセンター マルチパーパスルーム　PP.118–19
撮影：村田雄彦
P.119　1–3　建物内観
P.119　4　建物外観
P.119　5　キャンパスのエントランスゲート

ポラリス保健看護学院　講堂メグレズホール　PP.120–23
撮影：村田雄彦
P.122　2　載帽式風景
P.122　3　校舎外観

京都産業大学　むすびわざ館 ホール　PP.124–27
撮影：佐藤和成
P.127　1　ホールロビー、中庭
P.127　3　建物外観

川崎市立川崎高等学校・附属中学校　講堂　PP.128–31
撮影：村田雄彦
P.129　3　ホワイエ
P.129　5　校舎入口

富山県立富山中部高等学校　至誠ホール　PP.132–33
撮影：村田雄彦
P.133　1　中庭、校舎外観

九州産業大学付属九州高等学校　KYUSHU コミュニティホール
PP.134–35
撮影：佐藤和成
P.135　2　アートライブラリー
P.135　3　ホール外観

尚志館高等学校　視聴覚ホール　PP.136–37
撮影：村田雄彦
P.137　1　管理棟玄関ホール吹き抜け空間

明治大学付属中野中学・高等学校　櫻山ホール　PP.138–39
撮影：村田雄彦

北海道大谷室蘭高等学校　講堂　PP.140–41
撮影：村田雄彦
P.141　3　校舎外観

日南学園中学校・高等学校　ポーツマス・ホール　音楽室
PP.142–43
撮影：村田雄彦
P.143　3　建物外観

玉川大学　3号館　演劇スタジオ　PP.144–45
撮影：村田雄彦（PP.144; 145 5）、滝本徳明（P.145 1–4）
P.145　6　3号館外観

青山学院初等部　米山記念礼拝堂　PP.146–49
撮影：滝本徳明
P.149　2　連立の十字架
P.149　3　礼拝堂外観

3　新しいラーニングスタイル

早稲田大学　早稲田キャンパス 3号館　PP.152–59
撮影：村田雄彦
PP.152–53　再現棟4階405教室
P.154　1　エントランスホール、再現棟
P.154　2–4　再現棟4階405教室
P.154　5　再現棟4階廊下
P.155　再現棟
P.156　1　エントランスホール
P.156　2　3号館外観
P.157　1, 2　地下1階研究図書室
P.157　3　7階 706演習室
P.157　4　再現棟4階406教室
P.157　5　2階 CTLT Classroom 1
P.157　6　2階 CTLT Classroom 3
P.157　7　6階 602教室
P.158　エントランスホール
P.159　1　再現棟4階405教室
P.159　2　6階 602教室

東京理科大学　葛飾キャンパス 図書館大ホール　PP.160–63
撮影：村田雄彦
P.162　3　3階ホール入口付近
P.163　1　メディアラウンジ、ブックギャラリー
P.163　2　図書館外観
P.163　3　メディアラウンジ
P.163　4　黙考書院

中村学園女子中学校・女子高等学校　講堂、調理師範室
PP.164–67
撮影：村田雄彦
PP.164–65　講堂
P.166　1, 3　講堂
P.166　2, 4, 5　調理師範室
P.167　1　校舎外観

聖光学院中学校・高等学校　小講堂　PP.168–71
撮影：村田雄彦
P.170　3　校舎外観
P.170　4　小講堂ロビー

玉川大学　大学教育棟 2014 大講義室　PP.172–75
撮影：村田雄彦
P.174　1, 4, 6, 8　大講義室
P.174　2, 3, 5, 9　教育学術情報図書館
P.174　7　おやじさんの書斎
P.175　1　玉川池、大学教育棟 2014 外観（正面）
P.175　2　大学教育棟 2014 内観
P.175　3　大学教育棟 2014 外観
P.175　4　大学教育棟 2014 外観（北側）
P.175　5　陶板　フェルディナント・ホドラー作《選ばれし者》
P.175　6　陶板　ラファエロ・サンティ作《聖体の論議》

昭和女子大学　80年館西棟 コスモスホール　PP.176–79
撮影：村田雄彦
P.179　2　大学1号館（左）、80年館（右）

東京工業大学　レクチャーシアター　PP.180–83
撮影：村田雄彦
P.182　2　校舎外観

北海道大学　フード＆メディカルイノベーション国際拠点 多目的ホール
PP.184–85
撮影：村田雄彦
P.185　1　エントランスホール
P.185　2　ホワイエ
P.185　3　建物外観

沖縄科学技術大学院大学　講堂　PP.186–89
撮影：大野繁
P.189　2　講堂廊下
P.189　3　講堂外観

東京農業大学　横井講堂　PP.190–91
撮影：荒木文雄
P.191　1　農大アカデミアセンター外観
P.191　2　エントランスホール

明治大学　駿河台キャンパス グローバルホール　PP.192–95
撮影：村田雄彦（PP.192–94）、Charles Ross（P.195）
P.194　2,3　ホール入口、ロビー
P.194　4　グローバルフロント外観
P.194　5　グローバルフロント入口
P.195　アカデミーコモン（生涯教育棟）内観

愛知学院大学　名城公園キャンパス キャッスルホール　PP.196–99
撮影：荒木文雄
P.196　1, 3–5　キャッスルホール外観
P.196　2　豊嶋敦史《火滝》2014年、ディテール
P.197　キャッスルホール外観
P.198　1　ホール
P.198　2,3　ラウンジ
P.198　4　多目的教室
P.199　大教室

工学院大学　八王子キャンパス 総合教育棟　PP.200–01
撮影：村田雄彦
P.200　1–3　01N-217講義室
P.200　4　01N-216講義室
P.200　5　総合教育棟外観
P.201　総合教育棟外観、パサージュ

同志社大学　良心館　PP.202–05
撮影：村田雄彦
P.202　RY地2教室
P.203　1　RY305教室
P.203　2　RY103教室
P.203　3　RY地2教室
P.204　良心館エントランスホール
P.205　1　同志社礼拝堂（チャペル）
P.205　2　彰栄館
P.205　3　クラーク記念館
P.205　4　良心館外観
P.205　5　良心館エントランス

富山大学　医療イノベーションセンター 日医工オーディトリアム
PP.206–07
撮影：村田雄彦

北里大学　十和田キャンパス 本館　PP.208–09
撮影：村田雄彦
P.208　カンファレンスルーム
P.209　1, 2, 7　講義室
P.209　3　実習室
P.209　4　セミナー室
P.209　5, 6　ラウンジ
P.209　8　階段のグラフィック

帯広畜産大学　産業動物臨床棟 臨床講義室　PP.210–11
撮影：村田雄彦
P.211　1　産業動物臨床棟外観

実践学園中学・高等学校　自由学習館 Freedom Hall　PP.212–15
撮影：村田雄彦
P.214　3, 4　自由学習館外観
P.215　1, 2, 4　自由学習館内観

渋谷教育学園幕張中・高等学校　第二啓発室　PP.216–17
撮影：荒木文雄
P.217　3　メモリアルタワー外観

三田国際学園中学校・高等学校　PP.218–19
撮影：村田雄彦
P.218　教室
P.219　1　パティオ、校舎外観
P.219　2–4　教室

洗足学園音楽大学　シルバーマウンテン　PP.220–23
撮影：荒木文雄
PP.220–21　小ホール
P.223　1–3, 5　建物内観
P.223　4　建物外観

青山学院大学　相模原キャンパス A棟アリーナ　PP.224–25
撮影：滝本徳明

日本大学　理工学部船橋キャンパス 理工スポーツホール
PP.226–29
撮影：荒木文雄
P.226　3　3階ランニングコース
P.227　4　ホール外観

日本体育大学　スポーツ棟 メインアリーナ　PP.230–31
撮影：村田雄彦

大阪桐蔭中学高等学校　桐蔭アリーナ　PP.232–35
撮影：村田雄彦
P.232　1, 2　アリーナ外観
P.232　3　アリーナ廊下

編集（コトブキシーティング・アーカイブ）
三木賢一、高井 真、永尾めい、木元幹彦、朝倉三和子

撮影ディレクション
高井 真、永尾めい、吉川啓子、黒田裕子、澤村祐子

学校建築とイス
新しいラーニングスタイルへ

2016年6月11日　初版第一刷発行

企画・監修　コトブキシーティング・アーカイブ
〒101-0062 東京都千代田区神田駿河台1-2-1
Tel. 03-5280-5399　Fax. 03-5280-5776
http://kotobuki-seating.co.jp

発行人　藤元由記子
発行所　株式会社ブックエンド
〒101-0021 東京都千代田区外神田6丁目11-14
アーツ千代田3331 #300
Tel. 03-6806-0458　Fax. 03-6806-0459
http://bookend.co.jp

ブックデザイン　折原 滋（O design）
印刷・製本　日本写真印刷株式会社

Printed in Japan
ISBN978-4-907083-34-2
© 2016 Kotobuki Seating Co., Ltd.

乱丁・落丁はお取り替え致します。
本書の無断複写・複製は、法律で認められた例外を除き、
著作権侵害となります。